straße
West
Anlage
Landstraße
Friedberger
Eschenheimer
Petersstr.
6 S. 90
14
Friedberger
Nordend-
Ost
Bleichstraße
Anlage
Alte Gasse
Peters-Kirche
15 S. 190
Seilerstraße
Sandweg
phanstr.
K.-Adenauer-Str.
Gr. Friedberger
Straße
Schäfergasse
5 S. 72
Heiligkreuzgasse
Allerheiligentor
Frankfurt/Main
Zeil
Konstabler-
wache
Breite Gasse
gasse
Allerheiligenstraße
Kurt-Schumacher-Str.
nges-
Klein-
markt-
halle
Haseng.
Lange Straße
Uhlandstraße
Battonnstraße
Altstadt
13 S. 178
S. 64
4
anlage
Domstr.
Rechneigrabenstr.
Stadt-
werke
Agentur
für Arbeit
Fahrgasse
Obermain-
Ostendstraße
Kunsthalle
Schirn
Dom
Weckmarkt
Saalgasse
Mainkai
2 S. 36
Schöne Aussicht
3 S. 56
1 S. 24
Main
Alte Brücke
Ignatz-Bubis-
Brücke
Flößerbrücke
Sachsenhäuser Ufer
Deutschherrnufer
Dreikönigs-
kirche
Walter-Kolb-Straße
Deutschordens-
haus
Dreieichstraße
hausen-
Nord
0
100 m
© KARTOGRAPHIE Peh & Schefcik

Brigitte Holdinghausen
Frankfurter Wallanlagen

Herzliche
Glückwünsche

Ulli

Mai 2016

Brigitte Holdinghausen

Frankfurter *Wallanlagen*

Ein Rundgang auf den Spuren der Frankfurter Stadtmauern

SOCIETÄTS VERLAG

Satz: Julia Desch, Societäts-Verlag
Umschlaggestaltung: Julia Desch, Societäts-Verlag
Umschlagabbildung: © Brigitte Holdinghausen
Druck und Verarbeitung: CPI – Ebner & Spiegel, Ulm
Printed in Germany 2015

ISBN 978-3-95542-123-6

Inhalt

Vorwort 7
Der Rundgang 18

Vom Frankfurter Hafen, von Kaisern, Königen und reichen Tuchhändlern 24
Vom Holzsteg zur Steinbrücke, von Hochwasser und einem besonderen Geflügel 36
Von einem lärmempfindlichen Philosophen, Grundstücksspekulationen und großzügigen Stiftungen ... 56
Von einem Grab in der Anlage, einem Fischernachen auf dem Trockenen und einer dicken Mauer 64
Von der Verwandlung eines hässlichen Entleins, einem Bürgermeister und einer vornehmen Familie 72
Von einer unterirdischen Anlage, einem unbekannten Garten und dem einzigen erhaltenen Stadttor 90
Von einem Patrioten, einem Gartenhaus, einer unverzeihlichen und einer verzeihlichen Sünde gegen die Wallservitut 108
Von einem besonderen Brunnen, vielen Denkmälern und vielen Hochhäusern 120
Von umstrittenen Denkmälern 134
Von einem märchenhaften Brunnen 144
Von Mittelmeer-Impressionen 154
Von einer Riesenbaustelle, einem klassizistischen Haus, der ältesten erhaltenen Kirche Frankfurts und einer besonderen Brücke 164
Seitensprünge – Gedenkstätte Neuer Börneplatz und der mittelalterliche jüdische Friedhof 178
Seitensprünge – Bethmannpark und Garten des Himmlichen Friedens 184
Seitensprünge – Peterskirchhof 190
Seitensprünge – Rothschildpark 196

Seitensprünge – Karmeliterkloster 202
Pausenplaner 212

Quellenverzeichnis 217
Bildquellen 219
Die Autorin 221

Vorwort

Wenn Sie sich den Stadtplan von Frankfurt ansehen, fällt Ihnen sicher das grüne Band um die Innenstadt auf, merkwürdig gezackt, und unterschiedlich breit. Unverkennbar bildet es die Form einer mittelalterlichen Befestigungsanlage nach, und auf dem Gelände der Frankfurter Befestigungen ist der Anlagenring auch entstanden.

Zwei Jahrhunderte alt ist er nun schon – der Anlagenring, ein Park, der die Stadt zu umarmen scheint. Die Wallanlagen umfassten aber auch die zum Main hin gelegene Seite Frankfurts, denn auch von Süden oder vom Main her konnten durchaus Gefahren drohen. Deshalb wird Sie dieser Spaziergang nicht nur durch die parkähnlichen Anlagen führen, sondern auch am Mainufer entlang. Damit ist er insgesamt ca. 7,5 km lang.

Ein Spaziergang auf den Spuren dieser Stadtbefestigung ist immer auch ein Gang durch die Frankfurter Stadtgeschichte. Und diese Geschichte soll bei diesem Rundgang ebenfalls betrachtet werden.

Vor dem Bau dieser Befestigungen gab es bereits eine Stadtmauer, nämlich diejenige der eigentlichen Altstadt aus der Stauferzeit, also aus dem 12. Jahrhundert. Ein Rest davon ist noch erhalten: die Staufenmauer, die sich in der Nähe der Konstabler Wache am Anfang der Töngesgasse befindet. Auf dem Stadtplan lässt sich der Verlauf dieser Mauer noch rudimentär erkennen. Die Namen der „Graben"-Straßen, wie z.B. Kleiner und Großer Hirschgraben und Holzgraben weisen auf diesen Verlauf hin. Bis ins 14. Jahrhundert bildete der Wollgraben die östliche Begrenzung. Dieser Graben wurde zugeschüttet und der jüdischen Bevölkerung als Ghetto zugewiesen. Hier entstand die Judengasse.

Frankfurt wuchs also in den Jahrhunderten zwischen der Errichtung der staufischen Mauer, und innerhalb der Stadtmauern wurde es ziemlich eng. Deshalb gestattete Kaiser Ludwig der Bayer im Jahr 1333 die Erweiterung des Stadtgebietes und die Errichtung einer neuen Befestigungsanlage. Die alte Stadtmauer verschwand als Brand- oder Stützmauer zwischen den Häusern, mit Ausnahme der Abgrenzung zum jüdischen Ghetto, der Judengasse, die damit von dem christlichen Teil der Stadt abgetrennt war.

Trotzdem war die Altstadt von der neuen Stadt (der „Neustadt") durch Tore getrennt, die abends geschlossen und morgens geöffnet wurden.

Wie kann man sich aber städtisches Leben innerhalb der Mauern vorstellen?

Eine Stadt unterschied sich von einem Dorf einzig durch die Befestigung. Um die Stadt herum war eine Befestigungsanlage entstanden mit Mauern und Gräben. Ein paar Kilometer weit entfernt gab es die sogenannte Landwehr, eine dichte Heckenlinie, nur durch Warttürme unterbrochen, die es möglich machten, dass sich die Stadt rechtzeitig gegen Angriffe wappnen konnte. Ansonsten war städtisches Leben vorwiegend durch die Landwirtschaft bestimmt. Vor den Mauern lagen die Felder und Wiesen, die von der Bevölkerung bewirtschaftet wurden, ein Kranz von Gutshöfen, meistens befestigt, umgab die Stadt, und innerhalb der Mauern hielt man sich Schweine und Geflügel. Natürlich gab es auch Handwerksbetriebe, Werkstätten und selbstverständlich, aufgrund der zwei Messen, die jedes Jahr in Frankfurt abgehalten wurden, auch Handelsbetriebe. Kanalisation und Müllabfuhr, wie wir sie kennen, gab es natürlich noch nicht, und aller Unrat wurde, wenn er nicht in Sickergruben verschwand, auf die Straße gekippt. Nur die Braubach, ein Seitenarm des Mains, diente als Abflusskanal. Es muss in den engen Gassen also fürchterlich gestunken haben, und in den ungepflasterten Straßen staute sich der Dreck und wurde bei Regen zu Matsch und Morast. Die Häuser standen sehr dicht beieinander und kragten von

Stockwerk zu Stockwerk mehr und mehr über die Straßen. So kam unten nur wenig Tageslicht an. Beste Voraussetzungen also für alle erdenklichen Krankheiten und Seuchen. Damit man überhaupt einigermaßen die Straßen benutzen konnte, wurden sie mit Stroh bestreut, und über den Krönungsweg zwischen Dom und Römer, auf dem der Kaiser nach der Krönung in den Römer schritt, wurden bei diesen Gelegenheiten Bohlenbretter auf den Weg gelegt und mit Tüchern bedeckt. Auch der Boden im Ratssaal wurde mit Heu ausgelegt, damit ihn die Ratsherren mit ihren schmutzigen Schuhen nicht allzu stark verunreinigten.

Die Neustadt war zunächst nur dünn besiedelt. Sie diente in erster Linie als Gartenland; Handwerker nutzten an sie vergebenes Gelände für ihre Zwecke, z.B. Seiler, Tuchmacher, Bleicher oder Gärtner, und die Mauerbögen der alten Mauer dienten als Abstellplätze für Handwerksgeräte.

Man kann sich bei dieser Betrachtung sehr gut vorstellen, was Goethe in seinem Osterspaziergang Faust in den Mund legte:

Kehre dich um, von diesen Höhen
Nach der Stadt zurück zu sehen.
Aus dem hohlen finstern Tor
Dringt ein buntes Gewimmel hervor.
Jeder sonnt sich heute so gern.
Sie feiern die Auferstehung des Herrn,
Denn sie sind selber auferstanden,
Aus niedriger Häuser dumpfen Gemächern,
Aus Handwerks und Gewerbes Banden,
Aus dem Druck von Giebeln und Dächern,
Aus der Straßen quetschender Enge,
Aus der Kirchen ehrwürdiger Nacht
Sind sie alle ans Licht gebracht.

Reiche Familien legten sich außerhalb der Stadtmauern Landgüter oder Gartengrundstücke zu, auf denen sie dem

Gestank und der schlechten Luft entgehen konnten. Dazu gehörten z.B. auch die Familien Holzhausen, Loën, Guaita oder Bethmann. Letztere hatte ganz in der Nähe des Friedberger Tors ein schönes Landgut mit großer Gartenfläche angelegt. Allerdings trug die Bebauung vor den Mauern der Stadt nicht unbedingt zur Abwehr von Feinden bei. Im Gegenteil mussten die Besitzer dieser Landgüter große Verluste durch die Angreifer erleiden. Da die Stadt auch weder das Geld noch Interesse daran hatte, die Wehranlagen in Schuss zu halten, begann man damit, die Wälle mit Linden zu bepflanzen und Wege dazwischen anzulegen. So konnte die Bevölkerung beim Promenieren auf den Wällen frische Luft tanken.

Der Aufbau der Befestigungsanlage lässt sich aus dem Stadtplan von 1730 erkennen: Zunächst schützte eine Mauer von ca. 6–8 m Höhe und ca. 1–1,5 m Dicke die Stadt. Danach

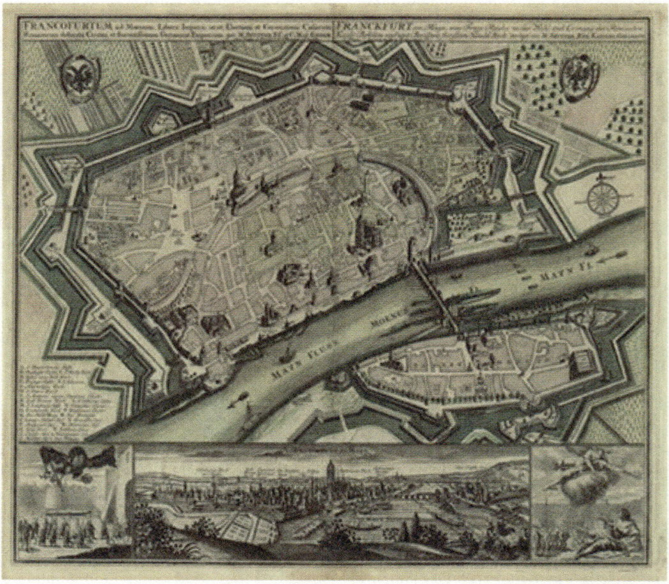

Stadtplan von 1730. Stadtplan von Matthäus Seutter, Kolorierter Kupferstich, vor 1730

kam der Graben mit einer Breite von ca. 10 m, gefolgt von den Bastionen mit den Geschützen. Davor umfloss ein weiterer Graben die Befestigungen, und dahinter war ein weiterer Wall aufgeworfen worden. An mehreren Stellen befanden sich die Stadttore sowie weitere kleinere Pforten.

Einzelne Bastionen und Bollwerke kamen später auch in private Hände. Ohnehin war es mit der Wehrbereitschaft der Stadtwache nicht so gut bestellt, wie Berichte aus dieser Zeit bezeugen – Damenbesuch in den Wachhäuschen während der Dienstzeit inbegriffen. Das fehlende Interesse an der Erhaltung der Befestigungen wird auch durch folgendes Zitat belegt: „... die Einwohner von Frankfurt seien vornehmlich Kaufleute, die auf ihren Nutzen und Bequemlichkeit sähen und zu klug, als daß sie eine starke Besatzung hielten, die sie auffräße“, so schrieb der Franzose Picarde Blainevilles in seinem Reisebericht, als er während einer Europareise von 1705 –1709 Frankfurt besuchte.

Zum Ende des 18. Jahrhunderts waren die Befestigungen der Stadt also in einem recht desolaten Zustand und bildeten dadurch sogar eine Gefahr für die Bewohner. 1802 plante der Rat der Stadt den Abriss. Weil aber nie genug Geld für die Entfestigung vorhanden war, wurde der Plan immer wieder verschoben. Auch der Aufruf des Rates der Stadt an die Bürger zur freiwilligen (und kostenlosen) Mitarbeit an den Abrissarbeiten versandete. Dann kamen im Jahr 1806 die Franzosen Napoleons und das Ende der Freien Reichsstadt. Der von Napoleon eingesetzte Fürstprimas Carl Theodor von Dalberg, der auch für Frankfurt zuständig war, beauftragte Jacob Guiollett mit der Entfestigung. Guiollett, 1746 in Aschaffenburg geboren und 1815 in Frankfurt am Main gestorben, schlug vor, den Frankfurter Festungsgürtel zu demolieren und anstelle der Bollwerke eine Promenade und einen englischen Landschaftsgarten neu anzulegen. Am 5. Januar 1807 wurde er vom Fürstprimas zum „Fürstlichen Commissarius bei dem fortzusetzenden hiesigen Festungsbau-Demolitions-Geschäfte“ ernannt. Guiollett entwickelte das Konzept eines Volksparks und zog den Aschaffenburger Schlossgärtner Sebastian Rinz für die Planung der Arbeiten heran. Die Trümmersteine, die bei den Abrissarbeiten anfielen, wurden an Interessierte verkauft.

Die dankbaren Bürger der Stadt erwiesen Guiollett eine besondere Ehre, indem sie ihn, seinem Wunsch folgend, im Anlagenring bestatteten.

Ab 1807 wurde nach der Entfestigung das Gelände parzelliert und an wohlhabende Familien als Gartenland versteigert mit der Auflage, den äußeren Rand der Gärten dem Allgemeinwohl zur Verfügung zu stellen. Die Grünanlagen, die die Innenstadt umgeben, hatten schon frühzeitig die Frankfurter und Frankfurterinnen begeistert.

Obwohl die Wallanlagen in Frankfurt schon 1805 demoliert wurden, berichtet Catharina Elisabeth Goethe ihrem Sohn erst in ihrem letzten Brief vom 1. Juli 1808 an ihn darüber, wahrscheinlich weil erst zu diesem Zeitpunkt die neuen Anlagen zum Promenieren einluden:

„In dieser Jahreszeit ist Franckfurth mit Frembten immer gepropft voll es ist wie eine Volcks Auswanderung so gar von Norwegen kommen sie, und alle sind erstaunt über die Schönheit in Franckfurth besonders aber die außer der Stadt – die alten Wälle sind abgetragen die alten Thore eingerißen und die gantze Stadt ein Parck man glaubt es sey Feerrey. Die alten Perücken hätten so was bis an Jüngsten Tag nicht zuwege gebracht – bey dem kleinsten Sonnenblick sind die Menschen ohne Zahl vor den Thoren Christen – Juden – pele mele alles durcheinander in der schönsten Ordnung es ist der rührendste Anblick den man mit Augen sehen kann – und das ist und wird alles ohne Unkosten gemacht – die Plätze der alten Stadt Mauren – Wälle werden an hiesige Bürger verkauft – da nimbt der eine viel der andre weniger jeder baut nach Hertzens Lust

Stadtplan von 1845, die Grünanlagen an Stelle der Mauern sind gut erkennbar

– einer macht einen Bleichgarten – der andre einen Garten u.s.d. das sieht den Schamant aus … “.

Die Frankfurter Bürger waren ebenso begeistert von den Anlagen wie die Besucher aus dem In- und Ausland. Die Begeisterung war sogar begleitet von einer gewissen Fürsorglichkeit, mit der die Anlagen geschützt, gepflegt und bewahrt wurden. Ohne Verbotstafeln blieb man auf den Wegen, pflückte keine Blumen oder „schmückte“ die Anlagen mit weggeworfenen Abfällen. Jeder Bürger betrachtete die Anlagen nicht nur als öffentlichen, sondern als ureigensten Besitz, der schonungsvoll behandelt werden musste.

Damit die Wallanlagen ihren Charakter bewahrten, wurde die Wallservitut 1827 als Grunddienstbarkeit von der Stadt Frankfurt zum Schutz der Grünanlagen erlassen. Die Erwerber der Terrains mussten sich u.a. zu Folgendem verpflichten:

- Das Terrain musste als Garten angelegt werden und mit „durchsichtigen Staketen“ eingefriedet werden.
- Die Wasserleitungen mussten gepflegt werden und der Kanalabschnitt (Überrest des Wassergrabens) gereinigt werden.
- Im unteren Teil der Gärten durften keine Gebäude mit Ausnahme kleiner Gartenhäuschen oder Sälchen errichtet werden.
- Die Gebäude durften nicht unterkellert werden.
- Die Gärten durften keine Ausgänge zur Promenade haben.
- Es durften keine hohen Terrassen angelegt werden.
- Auf den Grundstücken durfte kein Gewerbe betrieben werden.

Allerdings ist diese Regelung später in etlichen Fällen außer Kraft gesetzt worden: Das Schauspielhaus, die Alte Oper, das ehemalige Stadtbad Mitte, das mittlerweile zu einem großen Hotel umgebaut worden ist, die Tunneleinfahrt der U-Bahn-Linie 5, ein technisches Gebäude der Mainova bilden Ausnahmen, die die Schönheit der Anlagen nur in wenigen Fällen beeinträchtigen konnten. Mittlerweile sind leider auch in der Liesel-Christ-Anlage 23 alte Bäume gefällt worden, um Platz für den Bau eines weiteren Hotels zu machen. Kritiker, die den Bau der Oper in den Anlagenring als Verletzung der Wallservitut monierten, bekamen die typisch frankfurterische Argumentation zu hören: „So en scheene Gerdel braucht aach e schee Schnall.“ Auch Benno Reifenberg bezeichnete sie als „Schließe des kostbaren Gürtels“, als ein absolutes Schmuckstück.

Nach dem Ersten Weltkrieg und der Wirtschaftskrise verarmten viele der Gartenbesitzer und verkauften die Grundstücke an die Stadt Frankfurt, die damit den Anlagenring weiter vergrößern konnte. Im Zweiten Weltkrieg wurden an verschiedenen Stellen im Anlagenring Löschteiche angelegt. Einer davon existiert noch heute und wurde nach dem Krieg zu einem schönen Weiher mit Sandsteineinfassung erweitert:

der Albert-Mangelsdorff-Weiher in der Bockenheimer Anlage hinter dem ehemaligen Stadtbad Mitte. In den Jahren nach dem Krieg wurden die durch Beschuss und Bombardierungen beschädigten Bäume abgeräumt und die Flächen mit Gemüse bepflanzt, um den Hunger in der Bevölkerung etwas mindern zu können.

Auch heute, nachdem es die privaten Gärten der begüterten Frankfurter nicht mehr gibt, sondern das einheitliche Bild einer Parklandschaft die Innenstadt umsäumt, hat der Anlagenring nichts von seiner Bedeutung und seiner Beliebtheit verloren. Und so, wie in früheren Zeiten die Mauern wie Arme schützend Stadt und Bürger umfingen, so umfängt heute der Anlagenring die Innenstadt und lädt zur Erholung und Entspannung ein.

Überreste der alten Wehranlagen kann man auch heute noch sehen. Entlang der Anlage vor der Schönen Aussicht bildet die alte Stadtmauer die Kaimauer, in der Obermainanlage steht ein Stück Mauer der ehemaligen Bastion oberhalb des Rechneigrabenweihers. Auf einem Grundstück der Waisenhaus Stiftung in der Bleichstraße wurde ein Abschnitt der Stadtbefestigung mit einer ausgedehnten unterirdischen Kasematte (ein vor Artilleriebeschuss geschütztes Gewölbe im Festungsbau) freigelegt, die ab 1628 errichtet wurde und die in der Frankfurter Stadtbefestigung einzigartig ist. Sie ist nicht frei zugänglich, weil sie sich auf dem Grundstück der Waisenhaus Stiftung befindet. Das Archäologische Museum bietet ab dem Sommer 2015 Führungen an Sonntagen an, wenn es keinen Publikumsverkehr im Bürogebäude gibt.

Auch in der Bockenheimer und der Taunusanlage kann man erkennen, dass man auf Wallanlagen spazieren geht: die Hochstraße in der Bockenheimer Anlage zeigt das Niveau an, auf dem die Stadtmauer stand, und das Beethoven-Denkmal in der Taunusanlage steht auf einer Anhöhe, die ein Überrest des ursprünglichen Walls ist.

Das Grünflächenamt der Stadt Frankfurt plant zurzeit die Neugestaltung der Wallanlagen bzw. hat mit dem Umbau schon begonnen. Wesentliche Elemente der Umgestaltung werden die geschwungenen Hauptwege mit Sitz- und Verweilmöglichkeiten, in der die ursprüngliche Gestaltungsabsicht als Landschaftspark wieder aufgenommen werden soll. Dabei ist z.B. geplant, das Sebastian-Rinz-Denkmal sichtbarer zu platzieren und das Heine-Denkmal an einen Platz in der Nähe der Gedenkstätte in der Friedberger Anlage zu versetzen. Es wird allerdings noch einige Jahre dauern, bis die Umgestaltung abgeschlossen sein wird.

Und wie sieht es am Mainufer aus? Die Zerstörungen im Zweiten Weltkrieg, in dem die historische Altstadt in Schutt und Asche gelegt wurde, haben nicht viel übrig gelassen. Die Restaurierungen und Rekonstruktionen in den Jahrzehnten nach Kriegsende haben aber vieles sichtbar werden lassen, und auch diese geben ein sehr deutliches Bild von der Bedeutung Frankfurts – angefangen von der St. Leonhardskirche, dem Saalhof mit Rententurm, Burnitzpalais, Bernusbau und der Saalhofkapelle, der „Schönen Aussicht“, den klassizistischen Gebäuden am Mainkai mit der Stadtbibliothek und nicht zu vergessen der alten Mainbrücke.

Danke

Damit dieser Führer zustande kam, war ich auf die Mithilfe von wohlmeinenden Personen angewiesen, die ich hier gerne nennen möchte und ihnen meinen Dank abstatten will:

Da sind zum einen meine „Versuchskaninchen“, die klaglos die Testführungen mitgemacht haben und mir dabei nicht nur viele zusätzliche Informationen, sondern auch viele wertvolle Tipps gegeben haben.

Dann gilt mein Dank meiner Freundin Dr. Eve Picard, der ich die Downloads aus der UB Frankfurt verdanke, den freundlichen Damen vom Grünflächenamt, die mir Materialien über den Anlagenring zur Verfügung gestellt haben und den Damen und Herren des Instituts für Stadtgeschichte für ihre Informationen aus dem Stadtarchiv.

Ganz besonderen Dank verdient mein Mann für die Bearbeitung der vielen Fotos, nicht nur derjenigen, die in diesem Buch veröffentlicht wurden, sondern für unzählig weitere Fotos, die hier keine Berücksichtigung finden konnten. Ohne seine Mitarbeit wäre das Projekt nicht zustande gekommen.

Der Rundgang

Vorab ein Hinweis: Der Rundgang führt auf fast 8 km rund um die Innenstadt. Sie sollten deshalb also genügend Zeit einplanen und bequemes Schuhwerk anziehen. Einen Vorteil haben Sie auf jeden Fall: Wenn Ihnen die Zeit nicht ausreicht, den kompletten Rundgang in einem Stück durchzugehen oder Ihnen die Füße wehtun, können Sie an jeder größeren Straße abbrechen und auf kurzen Wegen zur Stadtmitte kommen.

Unser Rundgang beginnt auf dem Römerberg und geht in Richtung Main. Hier kommt man an der Baustelle des Historischen Museums vorbei und passiert die Stelle, an der bis 1840 das Fahrtor stand. Linkerhand befindet sich die Baustelle des Historischen Museums, daran anschließend der Gebäudekomplex des Saalhofs mit dem Rententurm. Überqueren Sie die Straße Mainkai und wenden sich nach links. Mit dem Rücken zum Main stehend sieht man auf den Saalhof mit dem Rententurm, dem Bernuspalais, dem Burnitzbau und der Saalhofkapelle. Dann geht es weiter mainaufwärts in Richtung Alte Brücke. Dort steigen Sie die Stufen zur Straße hoch und überqueren die Brücke. Dabei lohnt sich auch ein Blick nach links auf die Einmündung in die Fahrgasse, die hier auf die Alte Brücke führt.

Weiter geht es mainaufwärts entlang der Schönen Aussicht mit einem Blick auf die große Äquatorial-Sonnenuhr in der Anlage bis zur Ignaz-Bubis-Brücke und Flößerbrücke. Auf dem Weg dorthin kann man mit einem Abstecher durch die Mainstraße die Gedenkstätte Neuer Börneplatz und den mittelalterlichen jüdischen Friedhof besuchen.

Einige Meter weiter den Mainkai entlang erhebt sich der Portikus der ehemaligen Stadtbibliothek, dem heutigen Literaturhaus. Überqueren Sie die Straße am Literaturhaus und wenden sich nach rechts, um dann nach links in die Obermainanlage einzubiegen. Ihr Weg führt am Schopenhauer-Denkmal vorbei, ein paar Schritte weiter geht es links ein paar flache Stufen hoch, und man kommt zum Grab von Jakob Guiollett, unter dessen Regie die Entfestigung der Wehranlagen und die Schaffung des Anlagenringes durchgeführt wurde. Von hier haben Sie einen schönen Blick auf den Rechneigrabenweiher mit der großen Fächerfontäne. Auf dem Weg am Weiher vorbei kommen Sie an der Sandsteinnachbildung eines Fischernachens vorbei. Auf der anderen Seite des Weihers sieht man noch Überreste der Stadtmauer aus Bruchsandsteinen. Weiter auf dem Weg gelangen Sie zum Lessing-Denkmal.

Am Ende der Obermain-Anlage kommen Sie zur Straße „Allerheiligentor", deren Fortsetzung nach Osten die Hanauer Landstraße ist. Überqueren Sie sie und treten damit in die Friedberger Anlage ein. Nach ein paar Schritten sehen Sie auf der gegenüberliegenden Straßenseite einen Hochbunker aus dem Zweiten Weltkrieg. Noch etwas weiter, am Rande der Zeil, kommen Sie zu einem Häuschen im Jugendstil-Fachwerk, in dem sich ein Café befindet. Auf der Kreuzung sehen Sie ein Uhrtürmchen (wird zurzeit saniert). Nach Überquerung der Zeil halten Sie sich auf dem linken Weg in der Anlage und kommen zur Gedenkplatte für Viktor Konstanz Fellner, dem letzten Bürgermeister der Freien Stadt Frankfurt. Weiter führt dieser Weg zum Denkmal des Stadtgärtners Sebastian Rinz, dem Schöpfer des Anlagenringes. Von hier aus gehen Sie in Richtung des Weihers, auf einer kleinen Anhöhe gegenüber dem Weiher (auf der linken Seite) steht ein klassizistischer weißer Bau, in dem sich ein Club etabliert hat. Dieses Gebäude war das Privatmuseum der Familie Bethmann, die ganz in der Nähe ein Landgut besaß. Eine Büste Simon Moritz von Bethmanns steht auf der anderen Seite des Weihers.

Nun lohnt ein Abstecher in den Bethmannpark auf der gegenüberliegenden Straßenseite, in dem man den „Garten des Himmlischen Friedens“, einen chinesischen Garten besichtigen kann.

Die nächste Straßenkreuzung ist das Friedberger Tor mit Fortsetzung in die Friedberger Landstraße. Nach deren Überquerung kommt man in die Eschenheimer Anlage. Geht man dort einige Meter den linken Weg entlang, kann man durch einen Zaun den Überrest der Sternbastion sehen, der sich auf dem Gelände der Waisenhaus Stiftung befindet. An der Trasse der U-Bahnlinie U5 entlang, die hier aus dem Tunnel ans Tageslicht kommt, gelangt man zum Scheffeleck. Das Eckhaus zur Eckenheimer Landstraße ist ein repräsentativer Bau aus der Gründerzeit. Die Anlage macht jetzt einen Knick nach links, dem Sie folgen und damit zum Denkmal von Anton Kirchner kommen. Die nächste Straße, die Sie überqueren, ist die Petersstraße.

Für einen Abstecher zum Peterskirchhof wenden Sie sich nach links entlang der Petersstraße und dann die erste Querstraße (Bleichstraße) nach rechts. Auf der linken Straßenseite steht die Peterskirche. Eine Treppe führt hinunter zum Peterskirchhof, auf dem viele bedeutende Frankfurter Persönlichkeiten begraben sind.

Wenn man zur Eschenheimer Anlage zurückkehrt, findet man auf der gegenüberliegenden Straßenseite einige schöne alte Häuser, teilweise aus der Gründerzeit oder dem Jugendstil. Eine Besonderheit ist darunter das „Maurische Haus“. Der Weg auf der Anlage führt zum „Bürgergarten“, der die Struktur der damaligen Gärten aus der Zeit des 19. Jahrhunderts nachbildet. Einige Schritte entfernt steht das Denkmal für Philip Reis.

Die Eschenheimer Anlage endet am Eschenheimer Tor. Links von Ihnen steht das erste „Hochhaus“ Frankfurts, das ehemalige „Bayer-Haus“ des Pharmakonzerns Bayer AG, heute ein Hotel. Weiter links erhebt sich der Eschenheimer Turm als letztes erhaltenes Stadttor. Davor steht auf der Verkehrsinsel der „Göpfert-Brunnen“. Auf der rechten Seite zwischen dem Oeder Weg und der Eschersheimer Landstraße befindet sich in dem großen Sandsteinbau das ehemalige Volksbildungsheim, in dem heute ein großer Kinokomplex residiert.

Die Überquerung der Straße führt in die Bockenheimer Anlage. Auch hier halten Sie sich zunächst auf dem linken Weg und kommen zur Gedenkplatte für Ludwig Börne. Das Gebäude zur Linken mit dem geschwungenen Dach war früher das Stadtbad Mitte und beherbergt heute ein Hotel. Nun kommt man zu einem Weiher, den man nach dem großen Frankfurter Jazzposaunisten Albert Mangelsdorff benannt hat. Ihm gegenüber liegt das Nebbiensche Gartenhaus mit einer tiefer liegenden Gartenanlage und zwei sehr schönen Brunnen. Die Fortsetzung der Bockenheimer Anlage in Richtung Alte Oper hat man nach der beliebten Volksschauspielerin Liesel Christ-Anlage genannt. Aus ihr treten wir hinaus auf den Opernplatz und stehen vor der Alten Oper.

Von hier aus lohnt sich ein Abstecher zum Rothschildpark hinter dem OpernTurm.

Der Weg auf dem Anlagenring geht nun durch die Taunusanlage. Hier finden Sie außer den farbigen Holzstelen, die während der Opernspiele entstanden waren, den Marshallbrunnen, das Guiollett-Denkmal und die Bronzeplastik „Aufforderung“, bevor Sie die Junghofstraße überqueren. Auf der Fortsetzung der Taunusanlage geht ein Weg rechts zum „Lachhannesbrunnen“. Ihm gegenüber befindet sich das „63er-Denkmal“ für das Feldartillerie-Regiment Nr. 63, und auf der dahinter liegenden Wiese steht das Denkmal von Eduardo Chillida „Ein Haus für Goethe“. Über die Wiese an diesem Denkmal vorbei kommen Sie wieder auf den Hauptweg und sehen auf einer kleinen Anhöhe das Beethoven-Denkmal von Georg Kolbe. Um zum Heine-Denkmal zu kommen, müssen Sie ein kurzes Stück diesen Weg zurückgehen und sich anschließend nach rechts wenden. Etwas versteckt unter Bäumen steht das Heine-Denkmal. Kehren Sie auf dem Weg, den Sie eben zum Heine-Denkmal gegangen sind, wieder zurück und wenden sich dann nach rechts. Nach einigen Schritten kommen Sie zum „Lesegarten". Dort befinden sich das Schneewittchen-Denkmal, das Denkmal „Riss durch's Leben" und der Granitblock „Die Große Diagonale". Der Weg von dort weiter in Richtung Taunustor bringt Sie zum Schillerdenkmal.

Nach Überquerung der Straße Taunustor gelangen Sie in die Gallusanlage. Das Hochhaus am Beginn der Anlage ist der TaunusTurm, in dem das Museum für Moderne Kunst eine Dependance hat. Nach ein paar Schritten kommen Sie zum Denkmal „Den Opfern" von Benno Elkan. Die Gallusanlage wird noch von der Kaiserstraße durchschnitten. Davor befindet sich das Denkmal „Der Olymp von Weimar" von Andreu Alfaro, das daran erinnert, dass hier nach dem Zweiten Weltkrieg das Goethedenkmal aufgestellt wurde. Am Ende der Gallusanlage, vor dem Gebäude der EZB, steht das große EURO-Zeichen.

Sie befinden sich nun auf dem Willy-Brandt-Platz, vor Ihnen erhebt sich die breite Front der Städtischen Bühnen mit Oper, Schauspiel und Kammerspielen. Über die gesamte Breite dieses Gebäudes zieht sich im ersten Stockwerk das Foyer mit der Deckenplastik „Goldwolken" von Zoltán Kemény. Rechts davon beginnt die Untermainanlage. Der Märchenbrunnen von Ernst Friedrich Hausmann aus weißem Muschelkalk steht am Anfang der kleinsten der Frankfurter Anlagen. Sie wird durch die Hofstraße und die Ausfahrt einer Tiefgarage in zwei Teile zerschnitten. Nach der Überquerung der Hofstraße sehen Sie auf der linken Seite das weiße Gebäude des Rothschildpalais, das heute das Jüdische Museum beherbergt. Ein paar Schritte in Richtung des kleinen Vorgartens bringt Sie zu einer kleinen Bronzeplastik „Mädchen mit einem

Licht“, das ebenfalls von Benno Elkan geschaffen worden war.

Aus dem Anlagenring heraus überqueren Sie nun die Straße und steigen die Treppen hinunter, um ins Nizza zu gelangen. Sehr schön ist der Blick nach rechts in die Platanenallee.

Nach links, zwischen der Kaimauer und den Beeten, führt der Weg zur Gedenktafel an Andreas Weber, dem Enkel und Nachfolger von Sebastian Rinz, der die Arbeiten seines Großvaters als Stadtgärtner am Nizza fortgesetzt hat. Der Weg führt Sie an vielen mediterranen Pflanzen vorbei bis zur Untermainbrücke. Dort steigen Sie die Brückentreppe empor und sehen auf der anderen Straßenseite die Großbaustelle MainTor. Dahinter (leider nicht sichtbar) erhebt sich der kleine Turm des Karmeliterklosters, in dem das Archäologische Museum und das Institut für Stadtgeschichte beherbergt sind. Von der Baustelle eingerahmt steht das klassizistische Hermann-Schlosser-Haus.

Ein Abstecher zum Karmeliterkloster gibt Ihnen die Möglichkeit, die Wandgemälde von Jörg Ratgeb aus dem 16. Jahrhundert im Kreuzgang zu bewundern.

Wenn Sie weiter am Main entlanggehen, kommen Sie zur Kirche St. Leonhard. Man sollte nun die Straße Mainkai überqueren und in die Straße Am Leonhardstor einbiegen. Rechter Hand erhebt sich die Kirche, die wegen Restaurationsarbeiten zurzeit nicht geöffnet ist. Vor der Kirche steht eine Plastik von Franziska Lenz-Gerharz, die drei Pilger auf dem Jakobsweg zeigt.

Am Main entlang kommen Sie zum Eisernen Steg, und nach Überquerung der Straße befinden Sie sich wieder am Fahrtor und haben noch ein paar Schritte, die Sie zu Ihrem Ausgangspunkt auf den Römerberg zurückführen.

Vom Frankfurter Hafen, von Kaisern, Königen und reichen Tuchhändlern

Vom Frankfurter Hafen, von Kaisern, Königen und reichen Tuchhändlern

Historisches Museum, Fahrtor und Saalhof

Vom Römerberg aus in Richtung Main kommen Sie an der Baustelle des Historischen Museums vorbei. Es lohnt sich, einen Blick auf die illustrierten Bauzäune zu werfen. Besonders ein recht kleines, unscheinbares Foto sollte Ihre Aufmerksamkeit hervorrufen. Es zeigt ein Stück gepflasterte Stufe mit einem Rand aus Holzbohlen. Dass sich dahinter eine archäologische Sensation verbirgt, erschließt sich erst aus dem begleitenden Text neben dem Foto: Bei Ausschachtungsarbeiten für den Neubau des Historischen Museums fand man diese gepflasterte Anlegestelle aus der Stauferzeit am südlichen Ende des Saalhofes, von der man bisher nichts wusste, obwohl ein Holzschnitt aus dem Jahr 1585 zeigt, wie die drei geistlichen Kurfürsten, die Bischöfe von Mainz, Köln und Trier, zu Schiff nach Frankfurt kommen und vor dem Saalhof anlegen. Diese Anlegestelle soll nach Fertigstellung des Historischen Museums vom Foyer aus sichtbar sein – auch für Passanten außerhalb des Museums.

An der Stelle, an der man zur Öffnung der Straße in Richtung Westen kommt, stand früher das Fahrtor, der Zugang

Fahrtor vor 1840. Johann Georg Malß, Historisches Museum, Frankfurt am Main

zum Hafen der Stadt Frankfurt. Es war an den Rententurm angebaut und wurde 1840 abgerissen.

Hier befanden sich die Anlegestellen der Schiffe, mit denen die Waren nach Frankfurt gebracht wurden, und deshalb war es eine der beiden wichtigsten Öffnungen in der Befestigungsanlage, durch die die Warenströme nach Frankfurt direkt zum Römer gelangten. Hier wurden die Schiffe entladen und die Waren nach Schätzung der Zölle und Festlegung der Hafengebühren in die Stadt gebracht. Dabei gab es für die verschiedenen Güter spezielle Anlegestellen, z.B. hier, wo Sie eben stehen, wurde Wein verladen, ein Stück weiter mainaufwärts waren die Stapelstellen für Holz.

Wer Zeit und Lust hat, kann ein wunderbares Gemälde von Friedrich Wilhelm Hirt im Historischen Museum bewundern, auf dem das lebhafte Treiben im Hafen fast wie in einem Wimmelbild dargestellt ist. Eine interaktive Erläuterung der einzelnen Szenen des Gemäldes befindet sich im ersten Stockwerk des Rententurms.

Historisches

Ein anonymer Verfasser schrieb 1795 von seiner „Reise durch Thüringen, den Ober- und Niederrheinischen Kreis" über den Hafen Frankfurts:

„Stellen Sie sich an dem Ufer einen großen Platz vor, welcher von dem westlichen Ende der Stadt bis an die Brücke, also beynahe eine Viertelstunde weit geht. An diesem Platz, ohne die Menge von Kähnen, Gondeln und Jachten, wohl ein vierzig große Rhein- und Maynschiffe angelegt, zwey Kraniche (Kräne, A.d.V) unaufhörlich beschäftigt, Lasten aus den Schiffen zu heben; das Ufer, so breit es ist, mit Tonnen und Balken besät und von Schleifen, Fuhrwagen, Fuhrleuten, Packknechten und Schiffern wimmelnd; den Strom von Schiffen belebt, welche mit vollen Segeln ankommen oder abfahren. Denken Sie sich nun unter den Schiffen am Ufer eines der größten, das Mainzer Marktschiff, nach welchem eine Menge Leute auf angelegten Dielen bunt durcheinander hin und her laufen und in welches die geschäftigen Packknechte Möbeln und andere Habseligkeiten einladen; am Lande sowohl als auf dem Verdecke des Schiffes das Gewimmel von Abschiednehmenden und von Reisenden, welche noch beschäftigt sind, ihr Reisegepäck in Ordnung zu bringen. Jetzt schlägt die Stunde; die Schiffer stoßen ab, arbeiten sich zwischen dem Gedränge von Fahrzeugen und einem Wald von Masten durch und gewinnen den freyen Strom. Wer aus Versehen auf dem Schiffe blieb, muss ohne Nachsicht mit fort; wer aus Versehen zu lang am Ufer verweilte, muß sich auf einem Kahn nachfahren lassen."

Die Stelle, an der die Schiffe ent- und beladen wurden und die Waren in die Stadt transportiert wurden, war nicht nur zu Messezeiten ein äußerst belebter Ort. Aus Mainz kam täglich das Marktschiff an, das nicht nur Güter, sondern auch Personen beförderte. Es fuhr morgens um fünf Uhr in Mainz ab und legte am späten Nachmittag in Frankfurt an, um am nächsten Morgen wieder nach Mainz zurückzukehren. Bei normalem Wasserstand wurde es von bis zu sechs Pferden gezogen (getreidelt), nur bei höherem Wasserstand wurde gerudert.

Der Gebäudekomplex neben dem Fahrtor, bestehend aus dem Rententurm, dem Bernuspalais, dem Burnitzbau und der Saalhofkapelle, stammen alle aus verschiedenen Zeiten. Nach

Saalhof mit Rententurm, Bernuspalais und Burnitzbau

dem Abriss des modernen Baus des Historischen Museums und der Renovierung dieses Komplexes ist hier das Historische Museum Frankfurt eingerichtet, und einen Besuch dort kann ich nur empfehlen.

Historisches

Der Rententurm wurde 1454 bis 1456 erbaut. In ihm hatte der Rentmeister sein Büro, der die Zölle und Hafengebühren erhob. Der Turm ist Teil des Ensembles des Saalhofs, der staufischen Kaiserpfalz aus dem 12. Jahrhundert. Zur Bauzeit des Rententurms befand sich der Komplex aber schon nicht mehr in kaiserlichem, sondern in privatem Besitz. Der Name kommt von der Bezeichnung „Rente" im Sinne von Steuern, Zöllen oder Abgaben. Die Bezeichnung Rentamt ist ja auch heute immer noch bekannt.

Rententurm

Saalhof

An den Rententurm angebaut, entstand in den Jahren 1715–1717 anstelle der Kaimauer am Mainufer als Stadtpalast das barocke Bernuspalais. Es war von den Brüdern Heinrich und Johannes Bernus, reichen Tuchhändlern, erbaut worden, die 1669 den völlig verwahrlosten Saalhof gekauft hatten. Die Vorfahren der Brüder kamen ursprünglich als Glaubensflüchtlinge aus Italien nach Hanau, bevor sie in Frankfurt ansässig wurden.

1840–1842 wurde der Burnitzbau im Stil der italienischen Romantik daran angebaut, der nach seinem Erbauer, dem Frankfurter Architekten Rudolf Burnitz benannt wurde. Rudolf Burnitz hat wie auch sein Sohn Heinrich viele bedeutende Gebäude in Frankfurt gebaut, z.B. die Wertpapierbörse, den Konzertsaal der Saalbau und viele, nicht mehr erhaltene Villen und andere repräsentative Gebäude. Durch die Luftangriffe im März 1944 wurden auch die zum Main hin gelegenen Bauten zerstört, aber nach dem Krieg wieder errichtet. An den Burnitzbau angrenzend sieht man die Saalhofkapelle.

Saalhofkapelle

Saalhofkapelle

Sie ist das älteste erhaltene Bauwerk der Altstadt von Frankfurt. Was heute als ihr Erdgeschoss zu sehen ist, ist bereits das erste Stockwerk der Kapelle, denn das Ufer war seit ihrer Erbauung ständig aufgeschüttet worden, und besonders durch die Schiffbarmachung und Vertiefung des Mains gerieten Teile der am Main liegenden Gebäude unter das heutige Straßenniveau.

Historisches

Ursprünglich war der Saalhof als Reichsburg errichtet worden, wahrscheinlich durch den staufischen König Konrad II. im 12. Jahrhundert, und wurde Sitz des königlichen Befehlshabers der Stadt und Verwalters des Reichsgutes. Damit wurde die karolingische Burganlage in der Nähe des Domes ersetzt.

Erhalten geblieben sind noch Reste der romanischen Saalhofkapelle, des Bergfrieds und des Palas.

Wegen ihres Versammlungsraums wurde die Burg „des riches sal“ genannt, daher leitet sich der spätere Name Saalhof ab. Der Saalhof war der Mittelpunkt von mindestens sechzehn Reichstagen der Staufer. Auf dem prächtigsten seiner Reichstage verlieh Konrad III. im Mai 1142 dem jungen Welfen Heinrich dem Löwen das Herzogtum Sachsen. 1147 brach Konrad III. nach einer Predigt des Bernhard von Clairvaux von hier aus zum Zweiten Kreuzzug auf. Hier gebot Kaiser Friedrich Barbarossa 1156 einen Frieden zwischen Heinrich dem Löwen und dem Erzbischof Hartwig von Bremen. Auf dem Reichstag von 1220 erließ Friedrich II. in einem Bündnisbrief mit den geistlichen Fürsten die Verbriefung ihrer landesherrlichen Vorrechte.

Der Saalhof war nicht nur eine staufische Burg am Mainufer, sondern auch ein Reichsgut, zu dem Äcker, Wälder, Fischerei- und andere königliche Rechte gehörten. In späteren Jahren kam der Saalhof unter die Verwaltung von Adeligen, die aber nicht das Geld hatten, um ihn zu erhalten. Deshalb befahl Kaiser Ludwig der Bayer 1333 dem Frankfurter Patrizier Jakob Knoblauch, den Saalhof zu erwerben. Knoblauch war damals Schöffe in Frankfurt und außerdem als Tuchhändler der reichste Mann Frankfurts und konnte sich den Kauf leisten.

Bergfried mit Palas (links), rechts die Rückseite des Burnitz-Baues

Jakob Knoblauch ließ in den Jahren 1333 und 1334 den Saalhof sanieren. Dabei ließ er bis auf Reparaturen die alte Bausubstanz vom Palas, dem Turm und der Kapelle bestehen. An der Nordseite des Saalhofes ließ er einen neuen Saal errichten und 1334 einen weiteren Bau an der Südseite. Bis 1346 hatte er sehr viel Geld in den Saalhof investiert. Der Kaiser war nun öfter Gast bei „seinem lieben Wirt" im Saalhof und ernannte ihn 1349 zu seinem Hofdiener. Finanziell gesehen war der Kauf des Saalhofes mit den notwendigen Sanierungs- und Unterhaltskosten wahrscheinlich kein so gutes Geschäft für ihn, zumal die Bewirtung des Kaisers bestimmt auch jedes Mal ein hübsches Sümmchen gekostet haben dürfte. Aber die Freundschaft mit einem Kaiser brachte andere Vorteile für ihn.

Den größten Teil des Saalhofes wandelte Knoblauch in ein „Gewandhaus" für niederrheinische und niederländische Tuchhändler um. Vor allem die unteren Stockwerke dienten während der Fastenmesse dem Tuchhandel. Die Tuchhändler waren der vornehmste Handelsstand und saßen vorher auf dem Domhügel im Tuchgaden. Nun zogen sie von der karolingischen Pfalz in den staufischen Saalhof. Der Name des Hauses „Brabant“ an der Ecke von Fahrtor und Saalgasse, das in den Bombennächten 1944 mit fast der kompletten Altstadt zerstört wurde, erinnerte noch daran. Auch die anderen Häuser, die zum Saalhof gehörten, wurden von Knoblauch vermietet. Damit wurden seine Bauinvestitionen zu einer äußerst rentablen Angelegenheit – während der Messe 1362 hatte der Saalhof den größten Umsatz von allen Frankfurter Häusern. Trotzdem wurde sein Vermögen im Lauf des 14. Jahrhunderts von anderen Frankfurter Handelsfamilien bei Weitem übertroffen.

Zwischen Domhügel und Main

Nun geht es ein Stückchen weiter mainaufwärts. Riskieren Sie einen kurzen Blick nach links durch die Straße „Zum Pfarrturm“ in Richtung Dom. Obwohl Frankfurt kein Bischofssitz ist, trägt die Hauptkirche Frankfurts die Bezeichnung „Dom“, weil seine reichspolitische Bedeutung so groß war, dass ihm diese Bezeichnung zuerkannt wurde.

Dom

Das Gebiet südlich des Doms war um 1150 von der jüdischen Gemeinde besiedelt. Einen visuellen Zusammenhang findet man im Tympanon über dem Südportal des Domes, also dem Portal zur Mainseite hin, in dem die Anbetung der Heiligen Drei Könige dargestellt ist. Josef trägt dort einen Judenhut.

Historisches

1241 fand das erste Pogrom in Frankfurt statt, das auch unter der Bezeichnung „Das Große Judenschlachten" bekannt wurde. Interessant dabei ist, dass dieses Pogrom nicht aus antisemitischen Beweggründen der christlichen Bevölkerung zustande kam. Grund war die Absicht eines jungen Juden, zum Christentum zu konvertieren. Dies rief in der jüdischen Gemeinde enorme Proteste hervor, die dazu führten, dass man den jungen Mann zwingen wollte, von seiner Absicht zurückzutreten. Das wiederum hatte zur Folge, dass die christliche Bevölkerung gewaltsam gegen die jüdische Gemeinde vorging.

Ein zweites Pogrom, das „Zweite Große Judenschlachten", fand 1349 statt, bei dem die gesamte jüdische Gemeinde ausgelöscht wurde. Später kam es jedoch wieder zu Ansiedlungen jüdischer Bewohner, die aber 1462 in das Ghetto, die Judengasse, umgesiedelt wurden. Bis 1796 waren sie gezwungen, dort zu leben. Erst 1806 erlangte die jüdische Religion die volle Gleichberechtigung mit den übrigen Konfessionen. Als einer der ersten deutschen Staaten gewährte Frankfurt 1864 den Juden die völlige Gleichberechtigung.

Auf eine Besonderheit der Häuserzeile möchte ich noch aufmerksam machen: Hier steht das schmalste Haus von Frankfurt mit einer Breite von 4 m, in dem sich das Restaurant „Seven Swans" etabliert hat. An dieser Stelle stand bis Mitte der 1980er-Jahre das letzte Fischerhaus Frankfurts. Obwohl denkmalgeschützt, erlangte der Käufer des Hauses die Abrissgenehmigung. Einige Jahre war hier nur eine Baulücke zu sehen, bevor ein weiterer Investor das jetzt zu sehende Gebäude errichtete.

Vom Holzsteg zur Steinbrücke, von Hochwasser und einem besonderen Geflügel

Vom Holzsteg zur Steinbrücke, von Hochwasser und einem besonderen Geflügel

Die Alte Brücke

Weder Dom noch Römer waren in den früheren Jahrhunderten Wahrzeichen Frankfurts, sondern das eigentliche Wahrzeichen Frankfurts war die Alte Brücke, die sich jetzt vor Ihnen erhebt.

Der Brücke sollten Sie sich nicht von der Straße her nähern, sondern vom Mainufer her. Vor dem ersten Brückenpfeiler sieht man eine etwas unscheinbare, mit Graffiti besprühte Stahltür, hinter der sich die Fischergewölbe befinden. Sie waren für die Frankfurter Fischer sozusagen die „Garagen“ für die Fischerkähne und hatten überdies Zugänge von den Straßen her, so dass die Fischer von ihren Wohnungen direkt zu den Kähnen kamen, ohne am Mainufer entlang zu den Kähnen waten zu müssen. Außerdem konnten dort die Fischer ihre Fischerkästen aufhängen, in denen der Fang bis zum Schlachten frischgehalten werden konnte.

Alte Brücke mit Maininsel

Steigen Sie nun die Treppe hoch. Nicht die breite Straße mit dem hohen Verkehrsaufkommen (Kurt-Schumacher-Straße) ist diejenige, die Ihre Beachtung verdient, sondern die wesentlich schmalere, unscheinbare Straße, die in einem Knick nach halblinks von der Brücke abgeht: die Fahrgasse. Sie war die wichtigste Handelsstraße in Frankfurt, denn hier kamen alle Fuhrwerke und Waren über die Alte Brücke. Heute ist von der Bedeutung dieser Straße nichts mehr zu spüren.

Auf dem Bogen des ersten Brückenpfeilers befindet sich das Kreuz mit dem Brickegickel. In früheren Zeiten stand es auf dem mittleren der 13 Brückenbögen und markierte die

Tür zum Fischergewölbe

Kunsthalle Portikus auf der Maininsel

tiefste Stelle des Mains. Auf dem gegenüberliegenden Bogen wurde 1843 die Sandsteinfigur Karls des Großen von Johann Nepomuk Zwerger aufgestellt, die später den Eingang des Historischen Museums bewachte. Nach Beendigung der Sanierung der Brücke soll eine Kopie des Standbildes wieder auf der Brücke aufgestellt werden.

Die Maininsel war im Zuge des Neubaus der Alten Brücke befestigt worden. Heute ist sie etwa 300 m lang und 30 m breit und wird durch die Brücke in eine obere und eine untere Insel geteilt, die dicht hauptsächlich mit Weiden bewachsen und ein Brutgebiet für zahlreiche Wasservögel ist. Außerdem ist sie ein wichtiger Rastplatz für Zugvögel und deshalb nicht für die Öffentlichkeit zugänglich, allerdings ist sie nicht als Naturschutzgebiet ausgewiesen. Wegen seiner geringen Wassertiefe ist der Müllermain für die Schifffahrt gesperrt. Lediglich für Sportboote gibt es einige Anlegestellen.

Das Gebäude auf der Maininsel mit dem spitz zulaufenden Dach ist die Ausstellungshalle Neuer Portikus für zeitgenössische Kunst, die der Architekt Christoph Mäckler als Ersatz für den „alten" Portikus in der früheren Stadtbibliothek erbaut hat und einem früheren Gebäude auf der Brücke nachempfunden ist.

Historisches

Die Alte Brücke

Zwar bestand ja nach wie vor noch die Furt im Main, aber für Reisende und Warentransporte war die Überquerung des Mains über die Furt nur bedingt geeignet. Abgesehen davon war sie nicht zu allen Zeiten benutzbar, z.B. im Winter oder bei Hochwasser.

Achilles August Lersner, der große Frankfurter Historiker des 18. Jahrhunderts, berichtet in seiner „Chronik der weitberühmten Reichs-, Wahl- und Handelsstadt Frankfurt am Main“ von Meldungen aus dem Jahr 1030 über eine Mainbrücke, machte aber dazu keine Quellenangaben. Wahrscheinlich bestand diese Brücke einfach nur aus hölzernen Stegen, die man in die Furt gebaut hatte, denn Holz war das bevorzugte Baumaterial, weil es reichlich vorhanden war und Schäden jederzeit schnell repariert werden konnten. Außerdem war Holz mit den damaligen Werkzeugen besser zu bearbeiten als Stein. Sandstein, der später für die Brückenpfeiler verwendet wurde, kam aus dem Odenwald oder dem Spessart, d.h. der Transport wäre damals viel zu schwierig gewesen.

Stellen Sie sich jetzt vor Ihrem inneren Auge vor, wie es damals verkehrstechnisch gesehen zuging: Um die Stadt herum gruppierten sich ein paar Dörfer mit bescheidenen Äckern und Weiden, im Süden breiteten sich undurchdringliche Wälder aus, Straßen gab es kaum, und die waren eigentlich nur rumpelige, schmale Wege, auf denen die Steinlasten bis zur nächsten Flussstelle gezogen werden mussten, bis sie von dort aus flussabwärts mit Flößen ans Ziel gebracht werden konnten. Das machte den Odenwald zu einem ziemlich weit entfernten Ort. Da versteht es sich dann von selbst, dass es eine sehr langwierige und kostspielige Angelegenheit war, Bauten aus Stein zu errichten.

Erstmals wird die Alte Brücke im Jahr 1222 in einer Urkunde des Bartholomäusstiftes im Zusammenhang einer dem Magister Nikolaus gehörenden „Hofstätte an der Brücke" erwähnt. Aber wahrscheinlich ist sie noch älter und nach 1192 erneuert worden, möglicherweise auf Veranlassung des Reichsministerialen Kuno von Münzenberg, der auf beiden Seiten des Flusses große Liegenschaften besaß und deshalb ein natürliches Interesse daran hatte, eine Verbindung zwischen seinen Ländereien herzustellen, auch wenn es in der Nähe der Brücke die Furt gab, der Frankfurt ja auch seinen Namen verdankt. Aber auch diese Brücke war den ältesten Urkunden zufolge noch aus Holz gebaut und nur die Pfeiler waren aus Stein. Erst 1276 wird eine steinerne Brücke erwähnt.

Die herausragende Bedeutung erlangte sie im 12. und 13. Jahrhundert, als Frankfurt zu einem der bedeutendsten Handelszentren des Reiches wurde. Sie war wichtigster Bestandteil der Nord-Süd-Achse, und diese Bedeutung behielt sie noch über Jahrhunderte. Am 10. Mai 1235 gewährte König Heinrich VII. den Bürgern der Stadt besondere Privilegien: Für den Unterhalt der Brücke bekam die Stadt die Hälfte des Ertrages der Frankfurter Münze sowie Holz aus dem Wildbann Dreieich überlassen. Die internationale Bedeutung manifestierte sich auch durch eine Urkunde aus dem Jahr 1300, in der 15 italienische Bischöfe allen einen Sündenablass gewährten, die für den Unterhalt der Frankfurter Mainbrücke stifteten.

Durch Hochwasser und Eisgang wurde die Brücke im 14. Jahrhundert einige Male zerstört.

Am Festtag der heiligen Magdalena, dem 22. Juli 1342, ereignete sich das schwerste Hochwasser, das jemals in Mitteleuropa registriert worden war: das Magdalenenhochwasser. Auf der Sachsenhäuser Seite stürzten sechs der insgesamt 13 Bögen mit der erst vier Jahre zuvor eingeweihten Katharinenkapelle und der Brückenturm ein. Bis zur Reformation fand jährlich am Magdalenentag eine Bußprozession von der Mainbrücke zur Weißfrauenkirche statt.

Warum zur Weißfrauenkirche? Das Weißfrauenkloster und seine Kirche, die der heiligen Magdalena geweiht war, befanden sich etwa an der Stelle in der Weißfrauenstraße, ungefähr dort, wo heute die Gebäude stehen, die an die Rückseite des Frankfurter Hofs grenzen.

Natürlich hatte das verheerende Hochwasser nicht allein die Brücke betroffen, die ganze Stadt war in Mitleidenschaft gezogen, und in der Weißfrauenkirche stand das Wasser ca. 7,85 m hoch. Wenn Sie später zum Eisernen Steg kommen, achten Sie einmal auf die Hochwassermarken am Treppenaufgang links neben dem Lift. Eine Marke ist auch für das Magdalenenhochwasser angebracht. Kleiner Tipp: Sie müssen ziemlich weit nach oben schauen.

Dass aber ausgerechnet auf der Sachsenhäuser Seite die Schäden so groß waren, lässt sich durch die geografischen Gegebenheiten dieser Zeit erklären: Damals existierte nicht nur eine Maininsel, sondern mehrere auf der südlichen Seite. Zwischen diesen Inseln bekam das Wasser einen sehr viel höheren Druck und damit eine größere Gewalt als auf der Frankfurter Mainseite.

10 der 13 Brückenbögen und die beiden Brückentürme wurden Anfang des 15. Jahrhunderts möglicherweise durch Madern Gerthener, dem Dombaumeister, grundlegend erneuert. Gerthener musste sich 1399 gegenüber dem Rat persönlich für die Sicherheit der Gewölbe und Bögen verbürgen.

Die älteste Darstellung der Brücke stammt aus dem Jahr 1405. Das Bedebuch (Steuerbuch) zeigt sie in stilisierter Form mit den beiden Türmen, drei Bögen und dem Kruzifix des Brickegickels.

Im Belagerungsplan des Conrad Faber von Creuznach befindet sich die älteste Gesamtdarstellung der Brücke von 1552. In diesem Jahr belagerten die evangelischen Fürsten, die sich im Schmalkaldischen Bund zusammengeschlossen hatten, die Stadt, da sie sich trotz des Bekenntnisses zum Protestantismus aus dem Schmalkaldischen Bund verabschiedet und wieder dem Kaiser zugewandt hatte. Man sieht, wie die Brücke mit Tüchern verhängt ist, um dem Feind keinen Einblick auf das Geschehen auf der Brücke zu ermöglichen.

Anfang des 17. Jahrhunderts wurde auch der letzte hölzerne Brückenpfeiler nördlich der Brückenmühle durch einen steinernen Bogenpfeiler ersetzt. Nur die Brückendecke bestand weiterhin aus Holzbalken, die im Notfall schnell entfernt werden konnten, damit die Brücke unpassierbar wurde.

Auch im Dreißigjährigen Krieg war die Brücke Schauplatz kriegerischer Auseinandersetzungen.

Ende des 17. und Anfang des 18. Jahrhunderts verschlechterte sich durch die zahlreichen Hochwässer und Eisgang der bauliche Zustand der Brücke immer mehr. 1739 ordnete der Rat der Stadt an, dass nicht mehr als 50 Zentner Last auf einmal über die Brücke transportiert werden durften. Trotzdem stürzte im Dezember dieses Jahres der Kreuzbogen ein, und der Brickegickel ging verloren. Die beiden angrenzenden Bögen, der Flößerbogen und der Ausschüttbogen wurden auch schwer beschädigt. Der Kreuzbogen wurde wegen des Kreuzes mit dem Brickegickel so genannt, der Flößerbogen hat seinen Namen daher, dass die Flößer durch diesen Bogen ihre Flöße steuerten, und der Ausschüttbogen hat seinen Namen dadurch bekommen, dass bei ihm der Unrat in den Main gekippt wurde, denn damals gab es ja noch keine Kanalisation.

Notgedrungen entschloss sich daraufhin der Rat zu einem vollständigen Neubau. Zunächst wurde eine hölzerne Notbrücke erbaut, die beispielsweise 1742 bei der Krönung Kaiser Karls VII. notwendig war. 1748 war die Brücke fertiggestellt und erhielt zum Schluss noch eine repräsentative Sandsteinbrüstung.

Während des Sechsten Koalitionskrieges lieferten sich am 31. Oktober 1813 Truppen der kaiserlichen Garde Napoleons, die die Stadt verteidigen sollten, ein heftiges Gefecht mit den bayerischen und österreichischen Truppen. Dabei wurden wieder beide Brückenmühlen Opfer der Flammen. Die französischen Truppen konnten sich aber zurückziehen, indem sie die hölzernen Balken über den beiden mittleren Brückenbögen entfernten. Erst 1840 wurden die Brückenbögen endgültig vermauert.

Mit der Annexion der Freien Stadt Frankfurt im Jahr 1866 durch Preußen ging die Brücke in den Besitz des preußischen Staates über. In den folgenden Jahrzehnten entstanden weitere Brücken, denen die Neubaupläne für die Alte Brücke zum Opfer fielen. 1874 wurde die Untermainbrücke dem Verkehr übergeben, die Obermainbrücke – heute heißt sie Ignatz-Bubis-Brücke – entstand 1878. In den 1880er Jahren wurde der Main kanalisiert. Der Wasserspiegel stieg dadurch um etwa zwei Meter. In den Jahren 1908 bis 1910 entstand der Osthafen, und spätestens jetzt war die Alte Brücke zum Verkehrshindernis für die Mainschifffahrt geworden.

Am 23. Mai 1912 wurde auf der Maininsel der Grundstein für den Neubau gelegt. Die Brücke sollte 14 m breit werden und acht Bögen erhalten.

Als Ersatz wurde eine Notbrücke in Dresden angekauft und westlich der alten Brücke im Frühjahr 1914 errichtet. Am 3. Juli wurde die Alte Brücke für den Verkehr gesperrt und unmittelbar danach abgerissen. Die Namen der beiden Frankfurter, die als letzte die Brücke überquerten, sind überliefert:

Ein Herr Heymann aus der Heidestraße im Nordend und der Gastwirt Effelsberger vom Alten Markt.

Mit den Bauarbeiten an der neuen Brücke begann man 1915 auf der Sachsenhäuser Seite mit den beiden Pfeilern, die den sogenannten Müllermain überspannten. Im Ersten Weltkrieg kamen die Arbeiten allerdings ins Stocken. Die Notbrücke wurde am 22. Januar 1924 durch starken Eisgang weggerissen.

Wie geht das üblicherweise in Frankfurt? Wenn die Stadt kein Geld hat, wird ein Verein gegründet – dieses Mal allerdings durch die Stadt selbst. Sie gründete einen Brückenbauverein, der das notwendige Geld für die Vollendung des Brückenbaus beibringen sollte. Anfang Juni 1924 begann man wieder mit den Bauarbeiten. Die Brücke sollte nun 19 m breit werden, was aufwendige Umbauarbeiten an den bereits entstandenen Pfeilern notwendig machte. Eine weitere Unterbrechung war im Dezember 1925 wegen starken Eisgangs erforderlich.

Am 15. August 1926 konnte endlich die Neue Alte Brücke, wie sie nun genannt wurde, durch den Oberbürgermeister Ludwig Landmann eingeweiht werden.

Die Bauweise war ein Kompromiss: Einerseits sollte die Brücke leistungsfähig genug für den modernen Schiffs- und Straßenverkehr sein, andererseits sollte die Tradition der Alten Brücke sichtbar sein.

Die Neue Alte Brücke stand aber nur 18 Jahre, denn am 26. März 1945 sprengte die deutsche Wehrmacht die beiden schiffbaren Brückenbögen in der Mitte des Mains, um die alliierten Streitkräfte an der Überquerung des Flusses zu hindern. Das hielt die US-Armee aber nicht davon ab, innerhalb der nächsten drei Tage die gesamte Stadt zu besetzen.

Bereits Ende 1945 wurde mit der Reparatur der Alten Brücke begonnen. Ein stählernes Mittelstück mit einer Tragfähigkeit bis ca. 24 Tonnen Gesamtgewicht wurde aus Panzerplatten und anderen Kriegsmaterialien angefertigt und eingesetzt. Ein breiter stählerner Behelfspfeiler stützte die Konstruktion. Als zweite Mainbrücke nach dem Eisernen Steg wurde am 14. September 1947 die Alte Brücke wieder dem Verkehr übergeben.

Zwischenzeitlich ist die erneute Sanierung der Brücke abgeschlossen.

Brickegickel

Der Brickegickel

Unbedingt erwähnenswert ist natürlich auch das Kreuz mit dem Brickegickel. 1401 wurde auf dem mittleren Bogen, dem Kreuzbogen, ein Kruzifix aufgestellt und damit die Stelle des tiefsten Fahrwassers markiert. An der Spitze des Kruzifixes befand sich als Symbol der Wachsamkeit ein goldener Hahn, der die Schiffsleute zur Wachsamkeit mahnen sollte, wenn sie ihr Schiff durch die Strömung unter dem engen Brückenbogen steuern mussten. Außerdem fanden an dieser Stelle über Jahrhunderte hinweg Hinrichtungen statt. Wenn die letzten Blicke der Verurteilten auf den Brickegickel fielen, sollte sie das zur Buße ermahnen, während das Kruzifix ihm die göttliche Gnade und Vergebung seiner Sünden verhieß. Der Brickegickel musste im Laufe der Jahrhunderte fünfmal erneuert werden, weil er entweder von Hochwasser mitgerissen, durch Sturm beschädigt, durch feindliche Beschießung zerstört oder auch gestohlen wurde. Der heutige Brickegickel stammt aus dem Jahr 1994 und besteht aus vergoldeter Bronze.

Gebäude auf der Alten Brücke

Die Maininsel ist eine Besonderheit der Alten Brücke. Sie wurde im Laufe der Jahrhunderte immer wieder verändert – teils durch den Wasserlauf, aber auch durch menschliche Einflüsse.

Damals lag das Sachsenhäuser Mainufer wesentlich weiter südlich als heute, und der Main reichte direkt an die Häuser. Erst nach 1880 entstanden mit der Kanalisierung des Mains der Hochkai mit der Uferstraße und der Tiefkai. Die Sachsenhäuser Stadtmauer reichte oberhalb der Brücke bis an den Fluss.

Der Mainarm zwischen dem Sachsenhäuser Ufer und der Maininsel wurde der Müllermain genannt, weil durch ihn das Flusswasser zu den beiden Brückenmühlen und der etwas weiter westlich gelegenen Sachsenhäuser Mühle geleitet wurde. Die Brückenmühlen waren wichtige Gebäude über dem Main.

Die erste Mühle auf der Brücke wurde 1411 erbaut. Fachleute waren begeistert von dem Bauwerk: Es sei ein „rares Kunst- und sonderliches Meisterstück, dergleichen uff 100 Meilen Wegs hier umb nit zu finden ist“, hieß es. Sie war die größte und bedeutendste Mühle Frankfurts.

Brückenmühle: Reproduktion eines Photochroms von 1885

Nachdem sie im Dreißigjährigen Krieg 1635 zerstört worden war, wurden an ihrer Stelle zwei etwas kleinere Mühlen erbaut. Die westliche Mühle wurde 1825 abgerissen und in den Jahren 1856 bis 1858 an ihrer Stelle ein dampfbetriebenes Pumpwerk erbaut, das die Sachsenhäuser Gärtnereien mit Mainwasser versorgte. Dieses Pumpwerk wurde aber schon 1890 wieder stillgelegt und abgerissen. Die östliche Mühle stand noch bis 1914 und wurde mit der Alten Brücke zusammen abgebrochen. Die Frankfurter, die in den beiden Mühlen geboren wurden, nannte man Gickelbürger.

Die Brückentürme verdienen ebenfalls besondere Erwähnung. Erstmals wurden sie 1306 urkundlich erwähnt, als sie durch Hochwasser und Eisgang zerstört wurden. Der Sachsenhäuser Turm wurde 1342 erneut durch Hochwasser zerstört, aber umgehend wieder aufgebaut. Sein Dachgeschoss war mit fünf Türmchen verziert. Im Jahr 1729 erhielt er eine Schlaguhr. Bereits 1769 hat man ihn aber abgerissen. Anfang des 20. Jahrhunderts wurde nach seinem Vorbild der große Rathausturm erbaut, der von den Frankfurtern den Namen Langer Franz, nach dem damaligen Oberbürgermeister Franz Adickes, erhielt.

Alte Brücke Frankfurt ca. 1600 Ausschnitt Aquarell Peter Becker 1889, vorne der Frankfurter Turm, im Hintergrund der Sachsenhäuser Turm

Der Frankfurter Brückenturm war reich bemalt. Auf der Südseite, also der Brückenseite, waren seit 1502 eine Sonnenuhr und ein Reichsadler angebracht, auf der Stadtseite ein städtischer Adler. 1610 entstand durch Philipp Uffenbach ein Gemälde der Brückenfreiheit. Der Brückenturm auf der Frankfurter Seite wurde als Gefängnis genutzt, und 1693 wurde auch die Folter dorthin verlegt.

Was hat es mit der Brückenfreiheit auf sich? Sie war ein besonderes Gewohnheitsrecht, das darauf beruhte, dass genau genommen die Brücke jenseits der Stadtmauern und damit außerhalb der Stadt lag. Jeden Abend wurden die Brückentore geschlossen, und der Aufenthalt auf der Brücke bei Nacht war strengstens verboten. Mit der Brückenfreiheit war die Pflicht verbunden, auf der Brücke Frieden zu halten. Wer dagegen verstieß, wurde drakonisch bestraft. Das Gemälde von Philipp Uffenbach zeigte das sehr drastisch: Auf dem Bild sah man drei Männer bei einer Rauferei auf der Brücke. Im Vordergrund war zu sehen, wie demjenigen, der den Streit angefangen hatte, die Hand abgehackt wird. Mit solchen Illus-

Histor

trationen wurden die Folgen von Streit und Gewalt auch denjenigen klargemacht, die nicht lesen konnten.

Es gab noch weitere Gebäude auf der Brücke. Zum Beispiel entstand 1338 eine schöne Kapelle, die reich geschmückt war und der Heiligen Katharina, der Schutzheiligen der Schiffer geweiht war. Beim Magdalenenhochwasser 1342 wurde sie aber zerstört und nicht wieder aufgebaut. Bei Bauarbeiten 1866 und 1878 fand man an der Stelle, die auch in den Schriftquellen erwähnt war, gut erhaltene Überreste der Kapelle. Einige Jahre nach der Katastrophe stiftete der Patrizier Wicker Frosch die Katharinenkirche in der Neustadt.

Auf einem Pfeiler an der Ostseite der Brücke befand sich von 1499 bis 1569 das Rattenhäuschen. Im 15. Jahrhundert hatte die Stadt unter den Ratten schwer zu leiden. Der Rattenmesser, der als Aufseher im Rattenhäuschen wohnte, zahlte für jede getötete Ratte einen Heller, schnitt ihr den Schwanz als Quittung ab und warf den Rest in den Main. Die Finanzierung wurde den Juden aufgeladen, die für jede Übertretung von Vorschriften ein Strafgeld zahlen mussten. 1569 wurde das Rattenhäuschen in ein Pulvermagazin umgewandelt.

Auf der westlichen Brückenseite befanden sich die beiden „Heimlichen Gemache". Dabei handelte es sich um öffentliche Bedürfnisanstalten für Männer und Frauen, die der Rat gestiftet hatte.

Die Fischergewölbe waren die Unterstellmöglichkeiten für die Fischerboote und Gerätschaften der Fischer. Unter der Straße, die über die Alte Brücke führt, liegen die Fischergewölbe. Die Gewölbe sind der älteste noch erhaltene Teil der Alten Brücke und stammen aus dem Jahr 1826. Damals führten schmale Stichkanäle vom Main hierher zu den Liegeplätzen der Frankfurter Fischer – eine Art wetterfeste „Bootsgarage". Hier konnten die Fischer im Winter ihre Nachen lagern bzw. reparieren und die Netze flicken. Die Fischergewölbe wurden aus rotem Sandstein als Auffahrtsrampe zur Brücke für die erste durchgehende Mainuferstraße gebaut. Die Straße war dann die Verlängerung der von den Frankfurtern sehr positiv angenommenen Straße Schöne Aussicht.

Die Fischer sind die Frankfurter Handwerker, die als erste in Dokumenten erwähnt wurden: Bereits 994 finden sie in den alten Akten Erwähnung. Sie soll es aber bereits zur Zeit Kaiser Karls des Großen gegeben haben.

Die Schiffbarmachung des Mains und seine Kanalisierung stellten die Fischer vor große Probleme, weil die Fischergewölbe nur eingeschränkt nutzbar wurden. So ist eine Eingabe beim Magistrat in den Magistratsakten von 1898 aktenkundig. Der Fischer Georg Schauermann und Söhne beantragten die Tieferlegung der Flusssohle vor den Fischergewölben, damit die vor den Gewölben ausgelegten Fischkästen benutzt werden konnten. Durch die Mainkanalisierung und die Vertiefung der Fahrrinne war nämlich der Bereich vor den Fischergewölben stark versandet. Der Magistrat hielt sich zwar nicht für verpflichtet, diese Maßnahme durchführen zu lassen, weil die Fischer die Fischergewölbe unentgeltlich benutzen durften und nur ein kleiner Teil durch die Stadtkämmerei vermietet würde. Trotzdem fand er es angezeigt, der Maßnahme zuzustimmen, um den Fischern ihr Geschäft weiter zu ermöglichen und beauftragte deshalb das Tiefbauamt mit der Vertiefung der Mainsohle. In den Fischergewölben selbst hatte sich im Lauf der Zeit der angeschwemmte Schlamm auf ca. 1,5 bis 2 m angesammelt, der bei dieser Gelegenheit auch gleich beseitigt wurde.

Die Fischergewölbe stehen seit Jahrzehnten leer. An der Nordwand zur Altstadt hin gab es früher mehrere Türen. Durch sie hatten die Fischer direkten Zugang zu ihren Häusern in der Großen und Kleinen Fischergasse. Im Zweiten Weltkrieg nutzten die Bewohner der Häuser am Mainufer diese Türen bei Bombenangriffen auf der unterirdischen Flucht durch ein verschlungenes Tunnelsystem. Die Türen sind heute allesamt zugemauert. Zugänglich sind die Fischergewölbe bei besonderen Gelegenheiten, wie der Nacht der Museen oder dem Museumsuferfest, wenn hier Führungen stattfinden.

Ein Programmpunkt des Mainfests ist noch heute das traditionelle Fischerstechen, das an die Traditionen dieser alten Zunft erinnert.

Zum tausendsten Gedenktag der Reichsteilung von Verdun am 23. August 1843 schenkte das Städelsche Kunstinstitut der Stadt ein Standbild Kaiser Karls des Großen. Die Skulptur von Johann Nepomuk Zwerger aus rotem Mainsandstein wurde auf dem östlichen, der Stadt zugewandten Mittelpfeiler aufgestellt. Beim Abriss der Alten Brücke 1914 kam das Standbild ins Historische Museum. Bis zum Abriss des Historischen Museums bewachte der Kaiser den Eingang des Museums.

Justiz auf der Alten Brücke

Wie schon erwähnt, war die Brücke auch Hinrichtungsort. Das Ertränken war im Frankfurt des Mittelalters die häufigste Hinrichtungsart. Die letzte Hinrichtung durch Ertränken fand 1613 statt. Die Strafe durch Ertränken war für die Delikte Diebstahl, Kindsmord, Blutschande, Bruch der Urfehde, Vergiftung und Abtreibung. Die Urfehde war Bestandteil des mittelalterlichen Rechts und bedeutete, dass zerstrittene Parteien durch einen Eid auf Fehde verzichteten. Deshalb galt der Bruch der Urfehde als Meineid und wurde entsprechend verfolgt und bestraft.

In der Lersnerschen Chronik wird der Ablauf einer Hinrichtung beschrieben: Im Gegensatz zu den anderen Hinrichtungen fanden Ertränkungen nachts statt, um damit die Ansammlungen der Schaulustigen, die sich sonst bei Hinrichtungen einfanden, auf der Brücke zu vermeiden, denn eine Hinrichtung war immer ein gesellschaftliches Ereignis, bei dem die Bevölkerung gerne Augenzeuge war.

Die Verurteilten wurden vom Brückenturm, in dem sie bis zur Hinrichtung inhaftiert waren, auf die Alte Brücke bis zum Brickegickel am Kreuzbogen geführt. Dort band man ihnen Knie, Arme, Hände und Hals und schob sie auf einem Brett über das Brückengeländer in den Main. An dieser Stelle war die Strömung des Flusses am stärksten, so dass der Verurteilte sofort mitgerissen wurde und ertrank. Bei hohem oder mittlerem Wasserstand wurde die Leiche erst außerhalb der Stadt wieder angelandet, so dass man sich nicht mehr um sie kümmern musste. Nur bei Niedrigwasser konnte es passieren, dass die Leiche noch auf Frankfurter Gebiet an Land getrieben wurde. Dann wurde der Leichnam auf dem Friedhof beim Gutleuthof beerdigt. Auch die Leichen von Selbstmördern wurden auf der Alten Brücke in den Main gestoßen, denn damals galt der Selbstmord als schwere Sünde, und für Selbstmörder gab es kein christliches Begräbnis.

Objekt für Maler und Dichter

Jahrhundertelang galt die Alte Brücke als bedeutendstes und schönstes Bauwerk Frankfurts und als eigentliches Wahrzeichen der Stadt. Viele Maler wurden von dem Blick auf Stadt und Brücke inspiriert.

Aber auch zahlreiche Dichter schrieben über sie. Goethe erwähnte in „Dichtung und Wahrheit" seine geliebten Spaziergänge über die Brücke, und später rühmte er sie als das einzige schöne und einer so großen Stadt würdige Monument aus früheren Zeiten.

Spätere Frankfurter Dichter wie Friedrich Stoltze, Adolf Stoltze und Karl Ettlinger hinterließen besonders viele Gedichte über die Alte Brücke. Fritz von Unruh, der jahrelang in Sichtweite der Alten Brücke lebte, schrieb zur Brückenweihe 1926 das Festgedicht.

Nur Arthur Schopenhauer, der seit 1843 an der Schönen Aussicht 16 in der Nähe der Mainbrücke wohnte, war nicht begeistert, denn ihn störte „das vermaledeite infernale Peitschenknallen“ der Fuhrleute in den hallenden Gassen und auf der Brücke und das Rumpeln der Gespanne mit den eisenbeschlagenen Reifen über das Pflaster der Fahrgasse und der Brücke. So zumindest äußerte er sich in seinem Traktat „Ueber Lärm und Geräusch“ aus dem Jahre 1851.

Sagen und Legenden

Die Brüder Grimm überlieferten in ihren Deutschen Sagen die Geschichte von der Sachsenhäuser Brücke zu Frankfurt:

Ein Baumeister aus Sachsenhausen sollte die Brücke bauen. Er sagte dem Rat der Stadt zu, für den zugesagten Preis die Brücke bis zu einem bestimmten Tag zu vollenden, auch wenn ihm die Bauzeit etwas knapp vorkam. Aber schlechtes Wetter und Hochwasser verhinderten, dass er seinen Termin einhalten konnte. Alle seine Gebete um Hilfe schienen umsonst. Da rief er in seiner Angst den Teufel um Hilfe. Der Teufel erschien und bot an, die Brücke in der letzten Nacht fertig zu bauen, wenn ihm der Baumeister dafür das erste lebendige Wesen, das über die Brücke gehen würde, auslieferte. Der Vertrag wurde abgeschlossen, und in der Nacht vor dem zugesagten Tag baute der Teufel die Brücke fertig, ohne dass ein Menschenauge sehen konnte, wie er das anstellte. Am nächsten Tag sollte die feierliche Einweihung stattfinden, und es war guter Brauch, dass der Baumeister als erster die Brücke zu überschreiten hatte. Der Baumeister aber hatte einen Hahn unter seinem Rock versteckt und ließ ihn nun los und trieb ihn über die Brücke vor sich her. Als der Teufel sah, dass er betrogen wurde, zerriss er den Hahn und warf ihn durch die Brücke, wobei zwei Löcher entstanden, die niemals zugemauert werden konnten, weil nachts stets zusammenfiel, was am Tag daran gearbeitet wurde. Von dieser Sage wird die Aufstellung des Brickegickels hergeleitet.

Von einem lärmempfindlichen Philosophen, Grundstücksspekulationen und großzügigen Stiftungen

Von einem lärmempfindlichen Philosophen, Grundstücksspekulationen und großzügigen Stiftungen

Die Schöne Aussicht und die Stadtbibliothek (Literaturhaus)

Die Schöne Aussicht haben Sie jetzt vor sich. Damit ist die Straßenzeile gemeint, die nun am Mainufer entlang in östlicher Richtung bis zur Lange Straße verläuft. Heute verdient diese Straße ihren Namen eigentlich nicht, aber als die Häuserzeile im klassizistischen Stil errichtet wurde, machte sie ihrem Namen alle Ehre. Sie haben nun die Qual der Wahl: Entweder gehen Sie die Straße entlang und bewundern die Anlage entlang des Mains von oben, oder Sie steigen die Treppe hinab und spazieren durchs Grüne auf dem Tiefkai.

Hier lebte im Haus Nr. 16 der Philosoph Arthur Schopenhauer, der zwar als Misanthrop galt, aber am Frankfurter Leben regen Anteil nahm. Gestört hat ihn allerdings vor allem der Lärm, der von der Fahrgasse und der Brücke kam. Das Haus wurde sogar extra für ihn geplant und nach seinen Bedürfnissen ausgestattet. In diesem Haus lebte er bis zu seinem Tod am 21. September 1860. Das Haus wurde im Zweiten Weltkrieg zerstört.

Stadtbibliothek und Schöne Aussicht 1845 (Stahlstich von Wilhelm Lang nach Vorlage von Jakob Fuerchtegott Dielmann)

Schöne Aussicht, Blick vom Tiefkai auf die Reste der Befestigungsmauern

Historisches

Die Schöne Aussicht und die klassizistische Architektur

Im Jahr 1809 trat in Frankfurt ein neues Baustatut in Kraft. Es legte den Verlauf von Straßen und Baufluchtlinien fest und nahm starken Einfluss auf die Gestaltung der Häuser. Danach mussten alle Neubauten in klassizistischem Baustil errichtet werden. Die Häuser durften nur noch aus Stein errichtet werden, höchstens im oberen Stockwerk war in Ausnahmefällen Fachwerk erlaubt. Überhänge und Erker waren verboten, ebenso wie Zwerchhäuser und Mansarddächer. Außerdem mussten die Gebäude ein flaches Dach haben. Das Pflanzen von Bäumen vor den Häusern wurde untersagt. Das Klassisch-Einfache und seine Symmetrie sollten nicht gestört werden. Dieses Statut stieß zunächst auf heftige Ablehnung bei der Bevölkerung, weil sie eine derart drastische Beschränkung in ihrer architektonischen Freiheit nicht hinnehmen wollte. Diese Meinung schlug aber bald in Anerkennung um, weil Frankfurt wegen der konsequenten Anwendung der Bauvorschriften sehr bald für seine rein klassizistische Bauweise wie keine andere deutsche Stadt gerühmt wurde.

Großen Anteil daran hatte der Stadtbaurat Johann Friedrich Christian Hess, dem Erbauer u.a. der Stadtbibliothek, des Rothschildpalais, des Hermann-Schlosser-Hauses, die Ihnen auf Ihrem Rundgang noch begegnen. Hess war als Nachfolger seines Vaters im Jahr 1816 zum Stadtbaurat ernannt worden und übte dieses Amt bis zu seiner Pensionierung im Jahr 1843, zwei Jahre vor seinem Tod 1845, aus.

Der Abschnitt des Mainufers „Schöne Aussicht“ war nach der Entfestigung seit 1810 ein beliebtes Spekulationsgebiet. Die Stadt hatte das Gelände dieses Befestigungsabschnittes parzelliert und zur Auflage gemacht, dass dort nur Mietshäuser gebaut werden durften. Die Grundbücher sind leider in den Bombennächten vernichtet worden, aber die noch vorhandenen Register der Grundstückskäufe und -verkäufe verzeichneten von 1811 bis 1860 einen regen Immobilienhandel. Es gab Häuser, die in dieser Zeit sechs- oder siebenmal den Besitzer wechselten. Allerdings waren die Häuser häufig auch mit Hypotheken belastet. So ist beispielsweise von einem Haus zu lesen, dass der Chirurg und Wundarzt Dr. Schmitz und seine Frau den halben Anteil seines Hauses am 21. Januar 1840 an den Bürger und Scribenten Leonhard Conrad Rothenburger und seine Ehefrau für den Kaufpreis von 1.000 Gulden verkauft hat. Das Haus war mit zwei Hypotheken von 500 bzw. 300 Gulden belastet, die von den Käufern übernommen wurden, so dass die Verkäufer nur noch 200 Gulden in bar bezahlt bekamen.

Die kupferne Äquatorialsonnenuhr, die hier in Höhe der Einmündung der Mainstraße auf die Schöne Aussicht in de-

Äquatorialsonnenuhr

Stadtbibliothek (Literaturhaus)

Anlage am Main zu sehen ist, stand früher im Nizza und wurde 1951 von dem Uhrmachermeister Lothar M. Loske entworfen und von Auszubildenden des Metallwerks in Heddernheim angefertigt. Sie hat einen Durchmesser von über dreieinhalb Metern und ein Gewicht von rund einer Tonne. Bei ihrer Herstellung galt sie als die größte der Welt.

Wenn Sie Zeit und Lust haben, könnten Sie von Ihrem Rundgang zu dem ersten „Seitensprung“ zur Gedenkstätte Neuer Börneplatz und dem mittelalterlichen jüdischen Friedhof abweichen. Dazu gehen Sie durch die Mainstraße einfach geradeaus.

Vor Ihnen erhebt sich nun in klassizistischer Pracht die weiße Front des Portikus der ehemaligen Stadtbibliothek.

Historisches

Die alte Stadtbibliothek (Literaturhaus)

Johann Friedrich Christian Hess war der Erbauer der Stadtbibliothek. Grundlage waren die Stiftungen des Senators Brönner und des Bankiers Simon Moritz von Bethmann. Errichtet wurde sie zwischen 1820 und 1825 und beherbergte die aus über 50.000 Bänden bestehende städtische Büchersammlung und andere städtische Sammlungen wie Gemälde, Skulpturen und die Meisterstücke der Zimmerer. Die Bürgerschaft begriff dieses Gebäude als Denkmal der 1815 wiedererlangten städtischen Freiheit und ließ eine entsprechende lateinische Inschrift anbringen, die von Arthur Schopenhauer, der ja in der Nähe wohnte, als „Küchenlatein" verspottet wurde. Auf seine Anregung hin wurde die Inschrift in die jetzige Fassung geändert. Heute ist hier das Literaturhaus zu Hause. 1882 wurde das Lessingdenkmal vor der Stadtbibliothek aufgestellt, das nun in der Obermainanlage steht.

Von einem Grab in der Anlage, einem Fischernachen auf dem Trockenen und einer dicken Mauer

Von einem Grab in der Anlage, einem Fischernachen auf dem Trockenen und einer dicken Mauer

Die Obermainanlage

Das Denkmal von Arthur Schopenhauer erinnert daran, dass er bis zu seinem Tod ganz in der Nähe in der Schönen Aussicht gewohnt hat. Schopenhauer ist auf

Schopenhauer-Denkmal

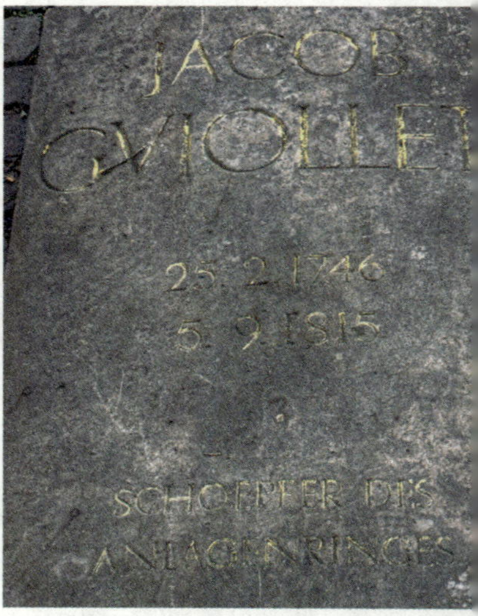

Grabplatte von Jacob Guiollet

dem Hauptfriedhof begraben worden. Ein paar Schritte weiter, links drei Stufen hoch, kommen Sie zur Grabstätte von Jacob Guiollet, dem Schöpfer des Anlagenringes.

Historisches

Jacob Guiollet

Guiollet wurde 1746 in Aschaffenburg geboren und starb 1815 in Frankfurt am Main. 1778 trat er als Bau- und Verwaltungsfachmann in den Dienst der Grafen von Ingelheim. 1786 kam er in den Dienst des kurmainzischen Erzbischofs Friedrich Karl Joseph von Erthal. Als die französische Armee Mainz besetzte, folgte er dem letzten Erzbischof Carl Theodor von Dalberg zunächst ins Exil nach Aschaffenburg und später, nach der Auflösung des Erzbistums, nach Regensburg.

Dalberg ernannte ihn zum Baudirektor und beauftragte ihn mit der Entfestigung Regensburgs. Als Dalberg 1806 von Napoleon zum Fürstprimas ernannt worden war, entsandte er Guiollett als Reisekommissar nach Frankfurt am Main, um die Reichsstadt für ihn in Besitz zu nehmen und das Palais Thurn und Taxis als Residenz des Fürsten herzurichten.

Seine wichtigste Aufgabe war die 1802 beschlossene, aber nur halbherzig begonnene Schleifung der aus dem Mittelalter stammenden Frankfurter Stadtbefestigung. Guiollett verfasste eine Denkschrift „Bemerkung über die Schleifung hiesiger Festungswerke“. Darin schlug er vor, den Frankfurter Festungsgürtel zu demolieren und anstelle der Bollwerke eine Promenade und einen englischen Landschaftsgarten neu anzulegen. 1807 ernannte ihn der Fürstprimas zum „Fürstlichen Commissarius bei dem fortzusetzenden hiesigen Festungsbau-Demolitions-Geschäfte“. Guiollett zog den Aschaffenburger Schlossgärtner Sebastian Rinz für die Planung der Gartenanlagen heran. In den folgenden Jahren entstanden nacheinander die Bockenheimer Anlage (1806), Eschenheimer Anlage (1807), Friedberger Anlage (1808/1809) und die Taunus- und Gallusanlage (1810). Besonders aufwendig war die Demolierung des Mainzer Bollwerks, einer unmittelbar am Mainufer gelegenen Zitadelle, auf deren Gelände 1811 die Untermainanlage und die Neue Mainzer Straße entstanden. 1812 wurden die Arbeiten mit der Obermainanlage abgeschlossen. Sämtliche Befestigungsanlagen bis auf den Sachsenhäuser Kuhhirtenturm und den Eschenheimer Turm wurden niedergelegt.

1809 ernannte Dalberg den Kommissar zum Senator. 1810 wurde Dalberg Großherzog von Frankfurt und ernannte 1811 Guiollett zum Präfekturrat für das großherzogliche Departement Frankfurt und zum Maire (Bürgermeister) von Frankfurt.

Als 1813 die französischen Truppen auf ihrem Rückzug nach der verlorenen Völkerschlacht von Leipzig durch Frankfurt kamen, verwüsteten sie die gerade erst angelegten Wallanlagen. Guiollett ließ die Anlagen durch Stadtgärtner Rinz umgehend wiederherstellen.

Mit dem Ende des Großherzogtums und der Wiedereinsetzung der alten Frankfurter Ratsverfassung als Freie Stadt verlor Guiollett seine Ämter.

Guiollett starb kurz nach der Wiederherstellung der Freien Stadt Frankfurt. Die dankbaren Bürger Frankfurts gewährten ihm das Privileg einer Bestattung im von ihm geschaffenen Anlagenring, was er sich bei der Auftragserteilung schon ausbedungen hatte.

Der Rechneigrabenweiher mit seiner großen Fontäne ist Überrest des ehemaligen Wassergrabens, der Bestandteil der

Rechneigrabenweiher

Wallanlagen war. Der Name „Rechneigraben" kommt daher, dass das Rechneiamt, also die Finanzverwaltung der Stadt, hier seinen Sitz hatte.

Entlang des Rechneigrabenweihers zur Linken kommt man zu der Nachbildung des Fischernachens.

Fischernachen

Fischernachen

Als Denkmal für den letzten Frankfurter Fischer Joseph Pfeiffer, genannt „Aal-Pfeiffer“, war der Fischernachen aufgestellt worden. Er ist historischen Vorbildern nachempfunden. Der Nachen war das gängigste Fischerboot auf dem Main und wurde bis weit ins 20. Jahrhundert genutzt. Die Nachbildung aus Sandstein wurde von dem Bildhauer Michael Siebel geschaffen und Anfang Dezember 2002 der Öffentlichkeit übergeben.

Die Fischereizunft ist die älteste Zunft in Frankfurt und besteht bereits seit 945. Aber ihr Ursprung datiert schon 200 Jahre weiter zurück, als Karl der Große nach dem Krieg gegen die Sachsen sächsische Krieger an das südliche Mainufer gegenüber Frankfurt zwangsweise ansiedelte. Dort hausten also die Sachsen, woraus sich der Name Sachsenhausen herleitete. Die Ansiedler ernährten sich hauptsächlich von Jagd und Fischfang. Gefischt wurde damals mit Weidenkörben. In späteren Zeiten bekam die Fischerzunft zwei Sitze im Frankfurter Rat. Sie hatte im Übrigen das Recht der Personenbeförderung, denn für die Personenbeförderung in der Zeit, in der die alte Mainbrücke die einzige Verbindung zwischen Frankfurt und Sachsenhausen darstellte, bestanden an allen den Punkten, wo später Brücken erbaut wurden, Überfahrten, die sämtlich von Frankfurter und Sachsenhäuser Fischern betrieben wurden.

Nachdem in den Jahren nach dem Krieg die Flussverschmutzung zu vermehrtem Fischsterben geführt hatte, ist durch zahlreiche Maßnahmen zur Gewässerreinheit der Fischbestand in Frankfurt wieder stark angewachsen. Die

Fischereizunft spricht von mittlerweile 30 im Main bei Frankfurt ansässigen Fischarten, hauptsächlich Rotauge, Ukelei und Zander.

Historisch gesehen ist der Main einer der lachsreichsten Flüsse Europas. Legenden sprechen davon, dass es sich die Dienstboten in den Arbeitsverträgen schriftlich geben ließen: „Nicht mehr als zweimal Lachs die Woche!", weil Lachs im Deutschland des 19. Jahrhunderts als ein klassisches ‚Arme-Leute-Essen' wie Steckrüben oder Kartoffeln gegolten haben soll. Allerdings hat die Wissenschaft festgestellt, dass es diese Klauseln nie gegeben hat und Lachs genauso wie Krebse oder Hasenbraten durchaus in den wohlhabenden Haushalten zu den Speisen gehört hat, die man gerne auch Gästen vorsetzte, um zu zeigen, dass man es sich leisten konnte. Von Dienstboten-Speisungen fand sich nirgendwo ein Hinweis.

Oberhalb des hinteren Endes des Weihers sind die Reste der Bastion zu sehen, die einen guten Eindruck von der Mächtigkeit der alten Stadtmauern geben.

Am Ende der Anlage finden wir noch das Denkmal für Gotthold Ephraim Lessing, das ursprünglich vor der Stadtbibliothek stand.

Bastionsmauer

Lessing-Denkmal

Von der Verwandlung eines hässlichen Entleins, einem Bürgermeister und einer vornehmen Familie

Von der Verwandlung eines hässlichen Entleins, einem Bürgermeister und einer vornehmen Familie

Die Friedberger Anlage

Sie ist die flächenmäßig größte Anlage, beginnt am Allerheiligentor und endet an der Friedberger Landstraße. Der Name der Straße „Allerheiligentor" weist darauf hin, dass hier ein Tor die Stadtmauern unterbrach. Die Straße von hier aus führte nach Hanau und hat deshalb den Namen „Hanauer Landstraße".

An der Stelle des Bunkers aus der Zeit des Zweiten Weltkrieges auf der gegenüberliegenden Seite der Straße stand ur-

Hochbunker mit Gedenkstätte an der Friedberger Anlage

sprünglich die größte der Frankfurter Synagogen. Der Bunker ist heute ein Museum, in dem das jüdische Leben im Ostend dokumentiert wird. Davor weist eine Gedenkstätte auf den Ort hin, an dem die Frankfurter Juden zusammengetrieben und zum Abtransport zur nahe gelegenen Großmarkthalle gebracht wurden.

Nur ein kurzer Weg führt Sie zur Zeil. Dem Häuschen im Jugendstilfachwerk am Straßenrand der Zeil sieht man seine „anrüchige" Vergangenheit nicht mehr an: Früher war es ein Toilettenhäuschen. Nach einigen Irrungen und Wirrungen wurde es umgebaut zu einer Bar, die sich mittlerweile großer

Ehemaliges Toilettenhäuschen an der Zeil

Uhrturm mit Blick auf das Zoo-Gesellschaftshaus

Fellner-Gedenkplatte

Beliebtheit erfreut. In der warmen Jahreszeit kann man hier schön im Grünen sitzen und das Stadtleben beobachten. So wurde aus einem einst hässlichen Entlein ein schöner Schwan. Und wenn man es genau nimmt, hat es seine Bestimmung doch nicht ganz verloren. Allerdings hat ihm der Anbau viel von seinem ursprünglichen Aussehen und Gepräge genommen.

Hier stehen Sie nun an der Zeil. Nach rechts wird der Blick auf das Gesellschaftshaus im Zoo gelenkt, und die Kreuzung schmückt ein schöner Uhrturm, der allerdings wegen der dringend notwendigen Sanierung abgebaut worden ist und hoffentlich bald wieder aufgestellt werden kann.

Nach Überquerung der Zeil halten Sie sich auf dem linken Weg und kommen zur Gedenkplatte, die an die tragischen Ereignisse erinnert, die zum Freitod des letzten Bürgermeisters der Freien Stadt Frankfurt, Karl Konstanz Viktor Fellner, führten.

Karl Konstanz Viktor Fellner

Karl Konstanz Viktor Fellner

Fellner stammte aus einer begüterten Frankfurter Kaufmannsfamilie. Er wurde 1848 Mitglied der Frankfurter Handelskammer, 1851 deren Senior, und 1852 wurde er Direktor der chemischen Fabrik Griesheim.

Daneben war er in der Freien Stadt Frankfurt auch politisch tätig und wurde 1852 in den Frankfurter Senat gewählt.

Frankfurt war als souveräner Stadtstaat Mitglied des Deutschen Bundes und wurde durch Fellner bei den Verhandlungen zum Deutschen Zollverein vertreten. Zum Jüngeren Bürgermeister, also zum Stellvertreter des Älteren Bürgermeisters, des Stadt- und Staatsoberhauptes Frankfurts, war er 1857, 1862 und 1864 bestimmt worden.

Politisch setzte sich Fellner für die Auflösung der mittelalterlichen Zunftbeschränkungen, für die Gewerbefreiheit und den Ausbau des Mains für die Schifffahrt ein.

Am 11. Dezember 1865 war Fellner als Älterer Bürgermeister der Freien Stadt für das Jahr 1866 bestimmt worden. Dieses Amt konnte er allerdings nur bis zum 16. Juli 1866 ausüben, denn an diesem Tag besetzte die preußische Armee, die im Deutschen Krieg gesiegt hatte, die Stadt. Frankfurt war zwar formal neutral und bundestreu geblieben, trotzdem sah Preußen Frankfurt als feindlich an, und Bismarck war entschlossen, die deutsche Einheit unter Preußens Führung mit Gewalt herzustellen. Deshalb erlegte der preußische General Eduard Vogel von Falckenstein schon am Tag nach der Besetzung der Stadt eine Kontribution von fast 5,8 Millionen Gulden auf, die sofort bezahlt wurde. Vier Tage später wurde Edwin von Manteuffel Nachfolger Falckensteins. Gleich zu seinem Amtsantritt erhob Manteuffel eine zweite Kontributionsforderung, dieses Mal sollten 25 Millionen Gulden gezahlt werden, die von den damals ca. 35.000 Bürgern aufgebracht werden sollte. Allerdings waren nur 8.000 Bürger steuerpflichtig. Die Höhe von 25 Millionen Gulden entspricht nach heutiger Kaufkraft etwa dem Zehnfachen, also 250 Millionen Euro. Zahlreiche Bürger, darunter alle Mitglieder des Senats, wurden mit Einquartierungen belegt, die Bürger hatten ihre privaten Reitpferde für die Armee zu stellen, die Händler und Gastwirte der Stadt wurden gezwungen, große Vorräte an Lebensmitteln, Wein und Zigarren an die preußische Feldintendantur auszuliefern.

Den Frankfurter Zeitungen mit Ausnahme des Journals wurde das Erscheinen verboten. Zahlreiche Frankfurter flohen ins Ausland, z.B. Friedrich Stoltze nach Stuttgart und der Naturforscher Eduard Rüppell in die Schweiz. Ende 1866 durften die Emigranten im Rahmen einer allgemeinen Amnestie zurückkehren.

Fellner hatte den freiwilligen Anschluss Frankfurts an Preußen nicht grundsätzlich abgelehnt und erklärte sich bereit, die Stadtgeschäfte als Bevollmächtigter Preußens weiterzuführen. Am 22. Juli wurde er vom preußischen Militärkommando vereidigt. Im Senat plädierte er dafür, die zweite Kontributionsforderung ebenfalls zu erfüllen, bei der preußischen Regierung jedoch um die Möglichkeit einer Ratenzahlung zu bitten.

Aber die Gesetzgebende Versammlung und die Ständige Bürgerrepräsentation der Freien Stadt waren empört darüber, dass die Stadt von der preußischen Armee wie ein Feind behandelt wurde und lehnten den Vorschlag Fellners ab. Diesen Protest legte der preußische Stadtkommandant, Generalmajor von Röder, als offene Rebellion aus und forderte Fellner auf, bis zum nächsten Morgen eine Proskriptionsliste mit den Namen und den Besitzverhältnissen aller Mitglieder der städtischen Körperschaften auszuhändigen. Andernfalls wolle er die Stadt bombardieren und plündern.

Damit befand sich Fellner in einem Konflikt zwischen seinen Pflichten gegenüber der Stadt und den Bürgern auf der einen Seite und seinem Eid gegenüber der preußischen Regierung auf der anderen Seite. Aus dieser Situation sah er keinen anderen Ausweg als den Selbstmord. Am Morgen seines 59. Geburtstages, dem 24. Juli 1866, erhängte er sich in seinem Haus in der Seilerstraße.

Die preußische Militärbehörde unterdrückte zwar die Mitteilung über Fellners Tod, trotzdem verbreitete sich die Nachricht sehr schnell in der Bürgerschaft. Auf Anordnung des

Stadtkommandanten fand die Beerdigung am 26. Juli auf dem Hauptfriedhof schon am frühen Morgen um vier Uhr 30 statt, weil damit eine hohe Beteiligung durch die Bevölkerung verhindert werden sollte. Diese Rechnung ging aber nicht auf, denn trotz der frühen Morgenstunde gaben über 6.000 Bürger Fellner das letzte Geleit. Fellners Schwager übergab dem neuen preußischen Zivilkommissar für Nassau bei der Trauerfeier die leere Proskriptionsliste und den Strick, mit dem Fellner sich erhängt hatte.

In den folgenden Jahrzehnten wurde der letzte Bürgermeister der Stadtrepublik geradezu als Märtyrer verehrt. An seinen Namen erinnern die Fellnerstraße im Frankfurter Westend, dieses Denkmal auf dem Gelände des ehemaligen Fellnerschen Gartens und sein Grabdenkmal auf dem Hauptfriedhof.

Die Ereignisse im Sommer 1866 hat Alexandre Dumas d.J. in seinem Roman „Der Schleier im Main“ verarbeitet, in dem er sich als Freund Frankfurts (und Feind der Preußen?) geoutet hat.

Gehen Sie nun diesen Weg einige wenige Meter weiter. Auf der Ecke, wo Ihr Weg auf den von rechts kommenden trifft, steht das Denkmal für Sebastian Rinz. Wem, wenn nicht ihm, sollte hier in der Anlage ein Denkmal errichtet werden? Der Künstler Heinrich Petry hat Sebastian Rinz nicht, wie damals üblich, stehend dargestellt. Wie ein Gärtner, der sich zu einer Pause oder

Rinz-Denkmal

zum Feierabend niedergelassen hat, sitzt er auf einem Stuhl mit einer Rose in der Hand, den Zylinder auf die Lehne gehängt.

Die Frankfurter verdanken ihm noch mehr als „nur“ den Anlagenring. Er gestaltete u.a. auch den Hauptfriedhof und für die Familie Rothschild den Günthersburgpark. Sein letztes Werk in Frankfurt war das Nizza, das ebenfalls eine Station dieses Rundgangs sein wird. Begraben wurde er auf dem Frankfurter Hauptfriedhof.

Historisches

Sebastian Rinz wurde am 11. Januar 1782 in Haimhausen an der Amper geboren und starb am 8. April 1861 in Frankfurt am Main. Von 1806 bis zu seinem Tod war er Stadtgärtner in Frankfurt am Main. Wie schon sein Vater und sein Großvater erlernte er den Beruf des Gärtners und kam 1806 auf Veranlassung von Jakob Guiollett von Aschaffenburg, wo er unter dem Schlossgärtner Franz Ludwig Bode im Park Schönbusch gearbeitet hatte, nach Frankfurt. Im Jahr 1808 trat er in Frankfurt die Nachfolge des damaligen Stadtgärtners Georg Fliedner an. Er gestaltete zunächst die Bockenheimer Anlage und die Eschenheimer Anlage zwischen dem Bockenheimer und dem Friedberger Tor. Die erforderlichen Bäume und Sträucher wurden aus dem Frankfurter Stadtwald und dem Taunus herbeigeschafft, Zierpflanzen kamen aus den Gärten des Mainzer Hofgärtners in Königstein sowie aus dem Klostergarten in Seligenstadt und dem Park Schönbusch bei Aschaffenburg. 1808/09 entstand die Friedberger Anlage vom Friedberger Tor bis zum Sandweg, 1810 die Taunus- und die Gallusanlage. 1811 folgten die Untermainanlage sowie der Rest der Friedberger Anlage und 1812 wurden die Arbeiten mit der Obermainanlage abgeschlossen.

Am 29. August 1811 erwarb Rinz das Frankfurter Bürgerrecht für sich und seine Frau Henriette und eröffnete eine Blumen- und Samenhandlung mit einem Ladengeschäft in der Nähe des Frankfurter Doms. Rinz war Ehrenmitglied der Senckenbergischen Naturforschenden Gesellschaft seit 1820 und der Frankfurtischen Gesellschaft zur Beförderung nützlicher Künste und deren Hilfswissenschaften seit 1857.

Nun nähern Sie sich sozusagen dem Grund und Boden der Familie Bethmann, denn diese hatte hier ihr Landhaus mit ausgedehnten Ländereien.

Auf einem künstlichen Hügel linker Hand steht das „Odeon", ein klassizistischer Bau, das Simon Moritz von Bethmann als kleines Museum für seine Skulpturensammlung erbauen ließ und das schon damals zu bestimmten Zeiten der Öffentlichkeit frei zugänglich war. Ein besonderer Anziehungspunkt für die Besucher bildete die auf einem Panther reitende Ariadne, eine

„Odeon"

Marmorskulptur, die Johann Heinrich von Dannecker im Jahr 1814 geschaffen hatte. Heute kann man diese Skulptur im Liebiegmuseum bewundern. Später, in den 50er und 60er Jahren des vorigen Jahrhunderts war das Odeon ein beliebtes Tanzlokal. Zurzeit beherbergt es einen Club.

Weiher mit Bethmann-Denkmal

Der Bethmannpark liegt auf der anderen Straßenseite, und in der Sichtachse zwischen dem Odeon und dem Bethmannpark sieht Simon Moritz von Bethmanns auf einer Büste auf die Anlage und „sein" Odeon herab.

Für den „Seitensprung" Bethmannpark und Garten des Himmlischen Friedens überqueren Sie die Friedberger Anlage und gehen ein Stück die Friedberger Landstraße bis zum Parkeingang hoch.

Historisches

Simon Moritz Bethmann

Die Familie Bethmann stammte ursprünglich aus Goslar und kam Anfang des 18. Jahrhunderts nach Frankfurt am Main. 1748 hatten Johann Philipp Bethmann und sein Bruder Simon Moritz Bethmann die Bethmann Bank gegründet und zu einem der bedeutendsten Bankhäuser in Deutschland geführt.

Johann Philipp hatte einen Sohn, den er nach seinem Bruder nannte. Dieser Simon Moritz trat 1791 in die Führung des Hauses ein, er wurde nach dem Tod seines Vaters 1793 alleiniger Teilhaber. Unter seiner Leitung wurden die Finanzgeschäfte in beträchtlichem Maße ausgedehnt, z.B. begab er Anleihen für Dänemark, Österreich und Russland. Neben dem Haus Rothschild wurde das Haus Bethmann zum wichtigsten Finanzier der deutschen und europäischen Fürstenhäuser. 1808 erhob Kaiser Franz I. Bethmann in den erblichen Adelsstand, und Zar Alexander I. ernannte ihn 1807 zum russischen Generalkonsul beim Rheinbund und 1810 zum Staatsrat.

Bethmann-Denkmal

Ohne dass er jemals ein Staatsamt innegehabt hätte, machte sich Bethmann durch seine diplomatischen Aktivitäten besonders um seine Vaterstadt verdient. Durch Intervention in Paris gelang es ihm 1802, die französischen Kontributionsforderungen aus den Besatzungsjahren zu begrenzen. Die Stadt Frankfurt verdankte seinem persönlichen Auftreten bei den Verhandlungen zum Reichsdeputationshauptschluss in Regensburg beträchtliche Rechte und Güter aus säkularisiertem Kirchenvermögen, die eigentlich schon längst anderweitig verteilt waren.

Sein Haus war der gesellschaftliche Mittelpunkt Frankfurts. Napoleon Bonaparte, Zar Alexander I. und König Friedrich Wilhelm III. von Preußen waren Gäste in seinem Haus. In seinem Hause fand auch die Begegnung zwischen der Mutter Goethes, Catharina Elisabeth, und der französischen Schriftstellerin Madame de Staël statt. Auf seinem Rückzug nach der Völkerschlacht bei Leipzig 1813 hatte sich Kaiser Napoleon im Bethmannschen Gartenhaus vor dem Friedberger Tor einquartiert. Am 31. Oktober 1813 entwickelte sich zwischen französischen und alliierten Truppen ein heftiges Artilleriegefecht um den Besitz der Mainbrücke. Bethmann überzeugte den Kaiser erfolgreich, den verheerenden Beschuss von Sachsenhausen zu beenden und seine Truppen zurückzuziehen.

Bethmann setzte sich sehr für die Verbesserung des Frankfurter Schulwesens ein. Er gehörte zu den Begründern der Musterschule, eines Gymnasiums (1803), und des Philanthropins, einer jüdischen Realschule (1804). Auch die Weißfrauenschule, die erste städtische Volksschule, wurde von ihm gefördert. Eine Schenkung von 40.000 Gulden wurde später in Absprache mit seinen Erben zur Unterstützung diverser Schulen verwendet.

Außerdem war Bethmann ein weit über die Grenzen Frankfurts bekannter Kunstmäzen und Förderer der Wissenschaften. Er gehörte zu den Gründern der Polytechnischen Gesellschaft (1816) und der Senckenbergischen Naturforschenden Gesellschaft (1817). Den Bau der Stadtbibliothek unterstützte er mit einer großzügigen Spende.
1816 erwarb er das Marmorbild „Ariadne auf dem Panther“ von Johann Heinrich

„Ariadne auf dem Panther“

Dannecker, die wohl berühmteste Skulptur des 19. Jahrhunderts, die in dem eigens errichteten klassizistischen Museumsbau (dem heutigen „Odeon“) Tausende von Bewunderern anzog.

von Bethmann's Museum in Frankfurt / Main. Johann Friedrich Morgenstern

Bethmann starb am 28. Dezember 1826 überraschend während eines Theaterbesuches. Er wurde auf dem Peterskirchhof bestattet, wo sein Grab heute noch erhalten ist. Zu seinem hundertsten Geburtstag wurde in der Friedberger Anlage seine Büste enthüllt, die von dem Bildhauer Eduard Schmidt von der Launitz geschaffen war. Außerdem erinnern an ihn der Bethmannpark im Frankfurter Stadtteil Nordend, die Bethmannstraße (Sitz der Bethmann Bank) und die Bethmannschule, eine Berufsschule.

Sagen und Legenden

Bethmännchen

Die Bethmännchen, eine bekannte Frankfurter Gebäckspezialität, sollen in seinem Hause entstanden und nach Bethmanns Söhnen im lokalen Sprachgebrauch so benannt worden sein.

Der Legende nach wurden die Bethmännchen ursprünglich mit vier Mandelhälften verziert – für jeden der vier Söhne eine Mandelhälfte. Als einer der Söhne starb, wurden die Bethmännchen nur noch mit drei Mandelhälften besetzt.

Beim Überqueren der Straße Friedberger Tor richten Sie Ihren Blick nach rechts auf das Hessendenkmal, das zum Andenken an die Soldaten hessischer Einheiten errichtet wurde, die am 2. Dezember 1792 beim Sturm auf die von der französischen Armee unter der Führung von Adam Phillippe de Custine besetzte Stadt fielen.

Hessendenkmal

Es wurde zum Andenken an die Soldaten hessischer Einheiten errichtet, die am 2. Dezember 1792 beim Sturm auf die von der französischen Armee unter der Führung von Adam Phillippe de Custine besetzte Stadt fielen. Der preußische König Friedrich Wilhelm II. stiftete es und ließ es 1793 vor dem Friedberger Tor aufstellen, an der Stelle, wo die meisten hessischen Soldaten gefallen waren.

Der Bildhauer Johann Christian Ruhl hat das Denkmal gestaltet. Ungewöhnlich bei diesem Denkmal ist, dass nicht nur die Namen der beteiligten Offiziere auf dem Sockel stehen, sondern auch alle gefallenen Grenadiere genannt werden.

Die Inschrift, die sich auf die Gefallenen bezieht, lautet:

„Hier starben den Tod der Helden“

Es folgen die Namen aller Gefallenen:

Ein Oberst (Prinz Karl von Hessen-Philippsthal),

6 Offiziere,

6 Unteroffiziere,

1 Tambour und

41 Gemeine.

Die Westseite trägt die Inschrift: „Laborum sociis e Cattorum legionibus trajecto ad Moenum IIII non: Decembr: recepto decora morte occumbentibus poni jussit virtutis constantiae testit mirator Frid: Guil: II Boruss: Rex CDCCLXXXXIII. Darunter steht: Frid. Guil. IV. Rex Boruss. Monumentum ab avo positum restituit MDCCCXLIV“.

Das heißt auf Deutsch:

I „Den Kampfgefährten aus den hessischen Regimentern, die bei der Wiedereroberung der Mainfurt am 2. Dezember einen ehrenvollen Tod fanden ließ Friedrich Wilhelm II., König von Preußen, als bewundernder Zeuge ihrer Tapferkeit und Standhaftigkeit [dieses Denkmal] errichten.

II Friedrich Wilhelm IV., König der Preußen, stellte dieses von seinem Großvater errichtete Denkmal 1844 wieder her“.

Die Inschrift auf der Vorderseite (Ostseite) lautet: „Friedrich Wilhelm von Preussen, den edlen Hessen, die im Kampf fürs Vaterland hier siegend fielen.“

Auf der zur Stadt hin gewandten Südseite steht das Datum „MDCCLXXXXII am 2 ten Dec.“.

Das Denkmal steht unter dem Motto: „Verteidigung gründet auf Stärke.“ Das Symbol der Stärke ist dabei der auf Basaltblöcken ruhende Marmorwürfel. Einer Überlieferung nach wurde für jeden gefallenen Soldaten eine Basaltsäule verbaut. Der Würfel steht für das trügerische Kriegsglück.

Das Symbol der Verteidigung sind Sturmbock (Widder), Schild, Helm und die Keule des Herkules. Mit dieser Keule hatte er den nemeischen Löwen besiegt, dessen Fell mit dem Kopf schlaff über dem Sockelrand hängt.

Von einer unterirdischen Anlage, einem unbekannten Garten und dem einzigen erhaltenen Stadttor

Von einer unterirdischen Anlage, einem unbekannten Garten und dem einzigen erhaltenen Stadttor

Die Eschenheimer Anlage

Nun kommt man nach Überquerung der Straße „Friedberger Tor“ in die Eschenheimer Anlage. Wie der Name schon sagt, führt die Straße, die von diesem Tor abging, nach Friedberg. Das tut sie als Friedberger Landstraße bzw. Bundesstraße 3 auch heute noch.

In der Anlage findet man die erste schwere „Wunde“, die in die Anlage geschlagen wurde: die Gleisanlagen der U-Bahnlinie 5. Gehen Sie nun den Weg links entlang dieser Trasse.

Auf dem Grundstück der Waisenhaus Stiftung konnte die Archäologische Denkmalpflege einen Abschnitt der Stadtbefestigung freilegen, die der kursächsische Festungsbaumeister Johann Wilhelm Dilich ab 1628 errichten ließ. Dabei wurde 9,50 m unter der heutigen Geländeoberfläche eine ausgedehnte unterirdische Galerie gefunden, wie sie offenbar an keiner anderen Stelle der Frankfurter Stadtmauer vorhanden ist. Diese Verteidigungsanlage hat eine begehbare Länge von über 40 m und eine lichte Höhe von 4 m. Nach einem Wassereinbruch wurde die Kasematte durch eine Sternbastion ersetzt, die

Sternbastion an der Kasematte

noch heute 20 m auf der Flanke und 10 m auf der den Angreifern zugewandten Seite (Face) sichtbar ist. Sichtbar ist die Kasematte bzw. deren Eingang nicht, aber einen Teil der Sternbastion können Sie noch durch den Zaun hindurch sehen.

Historisches

Die Kasematte

Baumeister Johann Wilhelm Dilich (1600–1657) hatte von 1628 an mit der vier Meter hohen unterirdischen Galerie an der Stadtmauer begonnen – mitten im 30-jährigen Krieg. Da er jedoch einige Grundregeln missachtete, musste er sich dafür später auch vor dem Rat der Stadt verantworten.

Das Gelände, auf der die Kasematte errichtet wurde, war nämlich feucht und befand sich an dem mittelalterlichen Wassergraben. Das Mauerfundament wurde nicht,

In der Kasematte

wie es üblich gewesen wäre, auf Roste gesetzt. Außerdem wurde eine in der Nähe entspringende Quelle nicht gefasst. Deshalb brach schon 1629 Wasser in den unterirdischen Gang mit seinen mehr als 30 Galerien ein.

Wegen dieser negativen Erfahrungen wurde das System der Kasematten nicht weiter verfolgt. Offensichtlich war es zu zeitaufwendig und zudem zu teuer. Vor das Festungsgewölbe setzte man eine Bastion zur Deckung des Friedberger Tores.

Im Verlauf der Jahrhunderte geriet die Kasematte weitgehend in Vergessenheit, obwohl sie den Anwohnern durchaus bekannt gewesen war, denn im Zweiten Weltkrieg wurde sie auch als Luftschutzraum genutzt. Am 17. Februar 1945 starben 75 Menschen bei einem Luftangriff über dem Gewölbe – darunter etliche, die zur Stiftung gehörten. Erst als die Stiftung Waisenhaus ab 2008 ihr neues Verwaltungsgebäude und Betreuungszentrum auf dem Grundstück baute, wurde die Kasematte von den Archäologen wieder entdeckt.

Am Scheffeleck

Auf der Ecke zur Eckenheimer Landstraße finden Sie ein eindrucksvolles Beispiel gründerzeitlicher Baukunst. Das Gebäude „Am Scheffeleck“ wurde 1889 erbaut. Einer seiner Bewohner war kurz nach der Fertigstellung der Komponist Engelbert Humperdinck, der dort in den Jahren 1891–1892 seine Oper „Hänsel und Gretel“ komponierte.

Nach einigen Schritten die Anlage entlang kommen Sie zum Denkmal des Frankfurter Geschichtsschreibers Anton Kirchner von Heinrich Petri, dem Künstler, dem wir auch das Sebastian-Rinz-Denkmal verdanken. Die Reliefs weisen auf Kirchners Wirken hin: vorne eine Lehrerin mit zwei Schülern, auf der rechten Seite die Allegorie der Theologie mit dem Turm der Katharinenkirche im Hintergrund und auf der linken Seite Klio, die Muse der Geschichtsschreibung mit dem Domturm.

Kirchner-Denkmal

Historisches

Anton Kirchner lebte von 1779 bis 1834 und war der Sohn eines Frankfurter Galanteriehändlers. Nach seinem Studium der Theologie in Tübingen kehrte er nach Frankfurt zurück und arbeitete als Hauslehrer der Familie Manskopf. Die Manskopfs betrieben im 19. Jahrhundert einige der bedeutendsten Weinhandlungen, von denen eine bis heute noch besteht. Außerdem wurde er als Lehrer des Waisenhauses und Prediger an der Irrenanstalt berufen. Er gab das Bürgerblatt heraus und war als Redakteur des Frankfurter Journals tätig. 1804 wurde er Pfarrvikar und Lehrer an der Musterschule, 1806 Professor für Religion, Kirchengeschichte und hebräische Sprache am Städtischen Gymnasium. 1807 wurde er Pfarrer an der Heiliggeistkirche, 1823 an der Katharinenkirche und 1833 an der neuerbauten Paulskirche, in der er am 9. Juni 1833 die Eröffnungspredigt hielt. Seine bedeutendsten Beiträge leistete Kirchner als Historiker und Schulreformer. Seine in zwei Bänden 1807 und 1810 erschienene „Geschichte der Stadt Frankfurt am Main" ist die erste wissenschaftliche Auseinandersetzung mit der Frankfurter Geschichte und den vorhandenen Quellen; die früheren Chroniken beschränkten sich auf episodenartige Zusammenstellungen historischer Begebenheiten.

Von der nun folgenden Straße „Petersstraße", die die Anlage teilt, bietet sich ein Abstecher auf den Peterskirchhof an (s. „Seitensprünge").

Auf der anderen Straßenseite der Anlage findet man viele alte und schöne Häuser aus dem 19. Jahrhundert bzw. dem Anfang des 20. Jahrhunderts, und auch Besonderheiten, wie zum Beispiel das „Maurische Haus", das sich der weitgereiste

Maurisches Haus

Maurermeister Johann Friedrich Weinsperger 1856/57 von Heinrich Burnitz erbauen ließ und 1860 an den Kaufmann Nikolaus Wilhelm Brücker verkaufte. In den 1920er Jahren wohnte darin der Frankfurter „Glücksspielkönig“ Gustav Reinhard mit seiner Frau. Reinhard betrieb ein Casino und lebte davon so gut, dass er im Stadtwald ausreiten konnte, was damals als untrügliches Zeichen für ein geradezu fürstliches Leben galt.

Auf dem Weg weiter durch die Anlage kommen wir in den sogenannten Bürgergarten. Von der Straße her ist er nicht sichtbar, und so fährt so mancher Auto- oder Radfahrer ahnungslos daran vorbei. Der in der Höhe gestaffelte Garten ist den historischen Vorbildern früherer Gartenanlagen der Begüterten nachempfunden, insbesondere ist diese Anlage an die Gestaltung des du Fay'schen Gartens, der an dieser Stelle lag, angelehnt.

Der Bürgergarten in der heutigen Form entstand erst 1982. Die ganze Anlage des Bürgergartens erweckt den Ein-

Im Bürgergarten

druck, als befände man sich in den Zeiten der Entstehung der Wallanlagen und der Gärten.

Blick in den tieferen Teil des Bürgergartens

Brunnen mit Gorgonenhaupt

Hier sind Spolien aus dem Löwenstein'schen Palais in der Taunusanlage verwendet worden, das 1972 abgerissen worden war, zum Beispiel in den Stützmauern, die toskanischen Säulen für die Pergola und im neuen Brunnen das Medusenhaupt und zwei Bogenabschlusssteine mit Groteskenköpfen.

Letzte Station in der Eschenheimer Anlage ist das Philipp-Reis-Denkmal, das von Friedrich Hausmann 1919 im Jugendstil geschaffen wurde. Die Büste des Erfinders des Telefons steht auf einem Sockel, der von zwei nackten telefonierenden Jünglingen flankiert wird. Reis hatte im Oktober 1861 im Physikalischen Verein, der sich damals in der Nähe, in der Bleichstraße, befand, seine Erfindung vorgestellt. Der erste Satz, der durch das Telefon gesprochen wurde, lautete: „Das Pferd frisst keinen Gurkensalat."

Philipp-Reis-Denkmal

Johann Philipp Reis wurde 1834 in Gelnhausen geboren. Seine Eltern waren früh gestorben, und so kam er in die Obhut seines Onkels. 1850 begann er eine kaufmännische Lehre und besuchte die Handelsschule. Neben seiner beruflichen Ausbildung betrieb er naturwissenschaftliche Studien an einer polytechnischen Vorschule und beim Physikalischen Verein in Frankfurt am Main, dessen Mitglied er 1851 wurde. Bereits 1852 begann Reis, an der Sprachübermittlung durch elektrischen Strom zu forschen. Nach seiner Militärdienstzeit 1855 und verschiedenen Studienreisen betrieb Reis in Frankfurt erneut naturwissenschaftliche Studien und wollte in Heidelberg eine Lehrerausbildung beginnen, erhielt aber 1858 bei einem Aufenthalt in Friedrichsdorf am Knabeninstitut von Direktor Garnier unverhofft eine Anstellung als Lehrer für Französisch, Physik, Mathematik und Chemie. 1858 heiratete er, erwarb ein Haus in Friedrichsdorf und beschäftigte sich in der Freizeit weiter mit Mechanik und Elektrotechnik. Dabei entwickelte er nicht nur seine Rollschlittschuhe, sondern auch ein Veloziped, eine frühe Form des Fahrrades, das mit Hilfe von handgesteuerten Hebeln in Bewegung gesetzt wurde. Auch an der Solarkraft forschte er in weiteren Experimenten.

Er muss ein guter Lehrer gewesen sein: Um seinen Schülern einen anspruchsvollen Unterricht zu bieten, baute er aus einfachen Mitteln anschauliche Modelle. Eines davon war der Nachbau einer Ohrmuschel, die Reis zu seiner bedeutendsten Erfindung anregte. Zur Lebensaufgabe wurde für ihn die Überwindung der Schwierigkeiten bei der elektrischen Sprachübertragung.

Von 1858 bis 1863 arbeitete er in Friedrichsdorf an den ersten Prototypen seiner Installationen und erfand dabei das Kontaktmikrophon. Nach ersten gescheiterten Versuchen gelang ihm 1860 mit dem Studium verschiedener physiologischer und physikalischer Schriften der Durchbruch. Seine Erfindung nannte er in Anlehnung an den Telegraphen

„Telephon“. Insgesamt entwickelte er drei verbesserte Weiterentwicklungen seines Apparates. Am 26. Oktober 1861 führte er einen Prototyp seines Fernsprechers erstmals öffentlich in Frankfurt zahlreichen Mitgliedern des Physikalischen Vereins vor. Sein Vortragstitel lautete: „Über die Fortpflanzung von Tönen auf beliebige Entfernungen durch Vermittlung des galvanischen Stroms“. Der erste Satz, der dabei durch das Telefon gesprochen wurde, lautete: „Das Pferd frisst keinen Gurkensalat.“ Im Jahresbericht 1860/61 des Vereins erschien auf Seite 57 ein wissenschaftlicher Fachbericht von Reis zum Telefon: „Ueber Telephonie durch den galvanischen Strom.“

Bis 1863 verbesserte Reis seinen Apparat wesentlich und ließ seine Modelle in größeren Mengen von Johann Valentin Albert, einem Frankfurter Kaufmann und Mechaniker, herstellen, um sie international als wissenschaftliche Demonstrationsobjekte für 8 bis 12 Taler zu verkaufen. So wurde der deutsche Erfinder in der Fachwelt weltweit bekannt. Einen größeren wirtschaftlichen Nutzen konnte er aber nicht erzielen.

Grund war hauptsächlich die öffentliche Haltung zum Telefon in Deutschland durch die allgemein ablehnende wissenschaftliche Meinung. Eine große Ausnahme war Wilhelm von Legat, Vorsteher der preußischen Telegraphen-Inspektion VIII in Frankfurt am Main. Er erkannte das Potenzial der Erfindung und schrieb einen Artikel zur Reis'schen Erfindung in einer renommierten Fachzeitschrift. Aber ohne wissenschaftliche Reputation fand auch diese Veröffentlichung keine Resonanz. Johann Christian Poggendorff, Autor des Biographisch-Literarischen Handwörterbuchs der exakten Naturwissenschaften, verweigerte in seinen Annalen der Physik und Chemie die Bekanntmachung der Erfindung und nahm den Aufsatz trotz von Legats Fürsprache auch nicht in das Handwörterbuch auf.

Einige Exemplare seiner Apparate kamen nach Russland, Großbritannien, Irland und in die USA. Der britisch-amerikanische Erfinder David Edward Hughes (1831–1900) konnte 1865 gute Ergebnisse mit dem deutschen Telefon erzielen und führte die Erfindung dem russischen Zaren Alexander II. im Sommer 1865 auf dessen Sommersitz Zarskoje Selo vor. Im Herbst 1865 demonstrierte Stephen M. Yeates (1832–1901), ein technikbegeisterter Instrumentenbauer aus Dublin, die Reis'sche Erfindung mit Erfolg vor einem ausgewählten Kreis, dem auch der irische Physiker William Frazer (1824–1899) beiwohnte. Dieser bestätigte schriftlich die Leistungsfähigkeit des Telefons. In den USA wurde ab 1868 mit der deutschen Erfindung gearbeitet.

Am 6. September 1863 führte Reis sein Telefon im Goethehaus von Frankfurt am Main Kaiser Franz Josef von Österreich vor und übermittelte bei dieser Demonstration musikalische Töne. Am 21. September 1864 weckte er auch vor der hochrangig besetzten Naturforscherversammlung in Gießen großes Interesse und konnte erreichen, dass ihn die Schriftleitung der Annalen der Physik und Chemie, die 1860 noch einen Abdruck seiner Abhandlung über das Telefon verweigert hatte, nun beachten musste. Dieses Mal lehnte Reis jedoch einen Artikel ab – in der Gewissheit, seine Erfindung werde auch ohne Unterstützung durch Johann Christian Poggendorff bekannt werden. Das zuletzt entwickelte Telefon besaß bereits eine elektromagnetische Anrufeinrichtung. Schon früh an Tuberkulose erkrankt, war er immer wieder ans Bett gefesselt und konnte so seine Erfindung nicht weiterentwickeln. Der Erfinder des ersten funktionsfähigen Telefons starb am Nachmittag des 14. Januar 1874 im Alter von 40 Jahren an den Folgen seiner Krankheit. Er wurde auf dem Friedrichsdorfer Friedhof beigesetzt.

Links grüßt der Eschenheimer Turm, das ehemalige Stadttor, das fast dasselbe Schicksal erlitten hätte wie seine „Kollegen" in den Befestigungsanlagen.

Eschenheimer Turm

Historisches

Das einzige noch erhaltene mittelalterliche Stadttor war des Öfteren schon vom Abriss bedroht.

Die Baupläne gehen zurück auf Madern Gertner, der auch Baumeister des Frankfurter Doms, des Leinwandhauses und einiger anderer nicht mehr erhaltener Bauwerke war und auch an der Errichtung der ersten Frankfurter Befestigung, der Staufenmauer, beteiligt war.

Auf Einspruch des Gesandten der damaligen französischen Besatzungsmacht, Graf d'Hédouville bei Carl Theodor von Dalberg, blieb der bekannteste von rund 60 Türmen der Stadtbefestigung als Denkmal bestehen. Außer dem Eschenheimer Turm entgingen nur zwei weitere Türme, der Rententurm am Römerberg und der Kuhhirtenturm in Alt-Sachsenhausen, dem Abriss. Auch in späteren Jahren versuchten einflussreiche Bürger, den Abriss des Turmes zu erreichen, weil er nach ihrer Ansicht nicht in ein modernes Stadtbild passte. Zum Glück konnten diese Anträge jedes Mal abgelehnt werden.

Sagen und Legenden

Die eiserne Wetterfahne auf der Turmspitze verbindet die Sage von dem Wilddieb Hans Winkelsee:

Das Jagen von Wild war damals nur denjenigen erlaubt, die entweder von Adel waren oder eine Erlaubnis des Rates der Stadt hatten. Hans Winkelsee, der aber aus Hunger Wild gejagt hatten, war erwischt und bis zu seiner Hinrichtung in den Eschenheimer Turm gesperrt worden. Seine Zelle befand sich ganz oben, direkt unter der Wetterfahne, die sich bei jedem Windzug drehte und dabei fürchterlich quietschte und jaulte. Dadurch wurde er ständig geweckt, so dass er nach neun Tagen und Nächten völlig mit den Nerven fertig war. Als am 10. Tag der Wärter zu ihm in die Zelle kam, sagte er ihm, dass er lieber tot sei als weiter dieses schreckliche Gequietsche und Gejaule ertragen zu müssen. Aber vorher wolle er für jede Nacht, die ihn die Wetterfahne so gequält hatte, mit einem Schuss in die Fahne einen Neuner schießen. Der Wärter berichtete dem Rat der Stadt von Winkelsees Worten, und der Rat beschloss, dass Winkelsee freigelassen werden sollte, wenn ihm das Kunststück gelingen sollte. Natürlich gelang ihm das auch, und die Stadtväter waren davon so beeindruckt, dass sie ihm anboten, in ihre Dienste zu treten und als Hauptmann der Schützen als ehrbarer Bürger zu leben. Das lehnte Hans Winkelsee aber ab, zog wieder in die Wälder und war in Frankfurt nie wieder gesehen.

Vor dem Turm sehen Sie den Goepfert-Brunnen. Er ist 1967–1970 von Hermann Goepfert entworfen worden, als durch den Ausbau der U-Bahn in der Innenstadt an dieser Stelle eine spitz zulaufende Verkehrsinsel entstanden war.

Goepfert-Brunnen

Goepfert entwarf eine kinetische Brunnenanlage, die stadtauswärts gerichtet ist. Sie ist 50 m lang, 14 m breit, und die Aluminiumwände bis zu 2,50 m hoch. Das Licht reflektiert auf diesen Wänden und den fünf sich drehenden Rotoren, über die das Wasser in das Becken fließt und das Ganze zu einer seeähnlichen Brunnenskulptur macht. Leider ist der Brunnen meist außer Betrieb und findet – auch bedingt durch den Straßenverkehr, der ihn umtost – nicht die Beachtung, die er verdient hätte.

Beim Anblick des Turmes und der Blick über die Straße bis zur Einmündung in die Eschersheimer Landstraße werden die Ausmaße der gesamten Befestigungsanlage deutlich: Links steht das Stadttor, und bis nach rechts an die Ringstraße dehnten sich die Mauer, Wälle und Gräben aus. Dort, wo die Taubenstraße und die Hochstraße zusammentreffen, markiert eine niedrige Mauer den Verlauf der früheren Stadtmauer.

Was Sie noch auf der linken Seite sehen, ist das ehemalige Bayer-Haus, das 1952 erbaut wurde und das erste „Hochhaus" auf Frankfurter Boden wurde. Heute beherbergt es ein Hotel. Ein Besuch des allerdings recht hochpreisigen Restaurants auf der Dachterrasse belohnt Sie mit einem tollen Ausblick auf die Frankfurter Skyline und in Richtung Norden/Nordwesten zum Taunus hin.

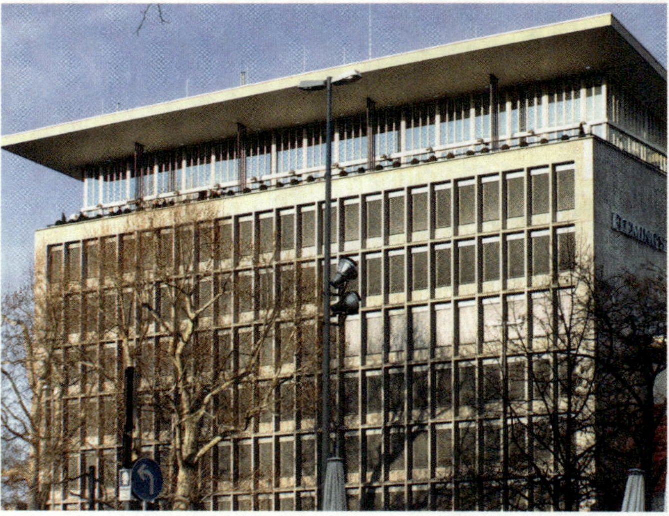

Ehemaliges Bayer-Hochhaus, heute Flemming's Hotel

Auf der rechten Seite steht das ehemalige Volksbildungsheim, in dem heute ein großes Kinozentrum zu Hause ist.

Volksbildungsheim

Von einem Patrioten, einem Gartenhaus, einer unverzeihlichen und einer verzeihlichen Sünde gegen die Wallservitut

Von einem Patrioten, einem Gartenhaus, einer unverzeihlichen und einer verzeihlichen Sünde gegen die Wallservitut

Die Bockenheimer Anlage

Nach Überquerung der Straße „Eschenheimer Tor“ gelangen Sie in die Bockenheimer Anlage und halten sich auf dem linken Weg. Dabei kommen Sie zur Börne-Gedenktafel. Sie wurde 1963 auf dem früheren Standort des Börne-Denkmals von dem Frankfurter Bildhauer Georg Mahr in der Bockenheimer Anlage errichtet. Auf der Bronzeplatte befindet sich oben ein Porträt-Relief. Der Text besteht aus erhabenen Buchstaben.

LUDWIG BÖRNE
1786-1837
ER WAR EIN
MENSCH-EIN
BÜRGER DER
ERDE-EIN GU
TER SCHRIFT
STELLER UND
EIN GROSSER
PATRIOT HEINE

Börne-Gedenkplatte

Historisches

Ludwig Börne kam am 6.5.1786 als Löb Baruch in der Judengasse, dem jüdischen Ghetto, in Frankfurt am Main zur Welt. Er starb 1837 in Paris. Börne studierte Medizin, dann Staatswissenschaften und war 1811 im Großherzogtum Frankfurt Polizeiaktuar. Nachdem er 1813 entlassen wurde, betätigte er sich als Journalist, Literatur- und Theaterkritiker. Er konvertierte 1817 zum Christentum und nannte sich fortan Ludwig Börne. Seine Publikationen wandten sich gegen die politische und kulturelle Reaktion. 1830 ließ er sich in Paris nieder und verfasste die „Briefe aus Paris".

Der Zweite Weltkrieg zerstörte Börnes Geburtshaus in der ehemaligen Judengasse, ebenso das von Jakob Heinrich Christoph Kaupert geschaffene Denkmal, das an dieser Stelle stand.

Weiher mit Hilton-Hotel im Hintergrund

Hier ist die nächste „Sünde“ zu besichtigen: Das ehemalige Stadtbad Mitte, nun ein großes Hotel, fügt sich trotzdem mit dem geschwungenen Dach der ehemaligen Schwimmhalle schön in die Anlage ein.

Der große Weiher mit der hohen Fontäne und stimmungsvoller, abwechslungsreich gestalteter Uferbepflanzung ist nach

Nebbien'sches Gartenhaus

dem großen Frankfurter Jazzposaunisten Albert Mangelsdorff benannt. Ein Weg führt um den Weiher, vorbei an einem Mammutbaum und hohen, teils exotischen Bäumen, bis zu dem Hang mit Terrassenanlagen, der die Anlage zur Hochstraße und zum Stadtzentrum öffnet. Der Weiher entstand ursprünglich aus einem Löschwasserbecken aus der Zeit des Zweiten Weltkriegs.

Dem Weiher gegenüber steht das Nebbien'sche Gartenhaus, ein klassizistischer Pavillon.

Der Verleger und Drucker Johann Nebbien, der in der Hochstraße wohnte, ließ ihn 1810 bauen. Das Häuschen umgibt ein stimmungsvoller Garten mit einem Florentiner Brunnen und, im vertieften Gartenteil gegenüber, einem marmornen Renaissancebrunnen.

Das Ensemble ist damit ein schönes Beispiel der bürgerlichen Gartenkultur im 19. Jahrhundert, als es viele prachtvolle Privatgärten in der Bockenheimer Anlage gab. Heute lädt hier der Frankfurter Künstlerclub

Florentiner Brunnen

Renaissance-Brunnen

Gustave Courbet, Dame de Francfort

zu Ausstellungen, Konzerten und Lesungen ein. Beachtenswert sind auch die beiden großen Platanen, die das ehrwürdige Alter von ca. 180 und 200 Jahren erreicht haben.

Straßenlaterne in der Liesel-Christ-Anlage

Nicht nur das Nebbien'sche Gartenhaus lässt einen erahnen, wie die Gärten entlang der früheren Stadtbefestigungen angelegt waren. Wer im Jahr 2011 in der Kunsthalle Schirn die Ausstellung Gustave Courbet gesehen hat, wird sich vielleicht daran erinnern, ein Bild gesehen zu haben, das hier in dieser Anlage entstanden ist: Dame de Francfort. Es war im Jahr 1858 entstanden, als Courbet in Frankfurt weilte. Dieses Bild zeigt sehr deutlich, wie diese Gärten angelegt waren und mit welcher Feinheit die Gliederung in der Höhe durchgeführt wurde. Man vermutet, dass es sich im Bild um das Grundstück des Erlanger'schen Gartens handelt. Nur von dort aus konnte dieser Blick nach Norden auf den Taunus genossen werden.

Der letzte Teil der Bockenheimer Anlage trägt heute den Namen der beliebten Volksschauspielerin Liesel Christ.

Dieser Teil der Anlage hat leider durch die Rodung von 23 Bäumen und der damit entstandenen Baulücke für die Errichtung eines Super-Luxushotels an dieser Stelle schwere Schäden erlitten. Dass die Stadt diesen Raubbau zulassen konnte, hat bei vielen Bürgern zu Protesten geführt. Man darf gespannt sein, wie die Anlage nach Fertigstellung des Hotels gestaltet werden wird.

Den krönenden Abschluss der Bockenheimer Anlage bildet zweifellos die Alte Oper mit dem schön gestalteten Platz und dem prächtigen Lucae-Brunnen.

Alte Oper mit Lucae-Brunnen

Die Alte Oper

Das Opernhaus wurde 1873 bis 1880 erbaut. Anlass war der Gedanke, dass Frankfurt außer seinem Theater auch einen passenden Rahmen für Opernaufführungen haben sollte. Allerdings war die Stadt nicht zur Finanzierung bereit. Deshalb kam es – wie bei vielen anderen Gelegenheiten – zur Gründung einer Stiftung, an der sich die meisten begüterten Familien beteiligten. Diese beauftragten den Berliner Architekten Richard Lucae mit dem Entwurf. Allerdings hatten die Stiftungsmitglieder einige unerfüllbare Ansprüche hinsichtlich der Logengrößen und der davor gewünschten Vorräume, so dass es einige Jahre dauerte, bis ein Entwurf Lucaes endlich die Zustimmung der Stiftungsmitglieder fand.

Lucae entwarf es in den Formen der Renaissance und des Barock. Im vorderen Bauwerk entstand ein großartiges Treppenhaus, dahinter der Zuschauerraum für rund 1.860 Personen mit einem riesigen Kronleuchter, über zwei Etagen gestaffelte Logen und geschnitzte mehrfarbige Brüstungen der

Giebel mit Pegasus

vier Ränge. Alle Vergoldungen waren in doppeltem Dukatengold ausgeführt. Außen war das Opernhaus mit Savonnière-Kalkstein verkleidet und wies viele Inschriften und Skulpturen auf.

Seit 1976 wird der Giebel über dem Eingang von der Pantherquadriga bekrönt, die ursprünglich auf dem Schauspielhaus stand.

Zuerst allerdings thronte auf dem Giebel eine Figurengruppe mit Apollo auf dem Streitwagen, der von zwei Greifen gezogen wird. Friedrich Stoltze nannte die Gruppe spöttisch „Apollo in de Badebütt“ und sprach sich auch sonst sehr kritisch über den Prachtbau aus, weil er wesentlich kostspieliger geworden war als ursprünglich geplant war. Statt der 1873 veranschlagten 1,2 Millionen lagen die Gesamtkosten nach der Fertigstellung bei 6,8 Millionen Goldmark, was vor allem an der kostspieligen Innenausstattung lag. Das kommt einem doch sehr bekannt vor, wenn man sieht, dass Baukosten die geplante Höhe um ein Vielfaches überschreiten.

Pantherquadriga

Am Mittwoch, dem 20. Oktober 1880 fand die feierliche Eröffnung im Beisein von Kaiser Wilhelm I. statt. Bei der Besichtigung schon des Treppenhauses soll der Kaiser zum Intendanten Emil Claar gesagt haben: „Das könnte ich mir in Berlin nicht erlauben. Das können sich nur die Frankfurter leisten.“

In dem neuen Opernhaus wurden zahlreiche zeitgenössische Opern aufgeführt. Die Eintrittspreise waren in aller Regel sehr moderat, so dass sich auch nicht ganz so begüterte Frankfurter einen Opernbesuch leisten konnten. Die letzte Aufführung fand am 28. Januar 1944 statt. Am Tag darauf wurde das Haus durch einen Bombenangriff größtenteils zerstört und blieb bis in die Siebzigerjahre „Deutschlands schönste Ruine“, bis sich die Stadt zum Wiederaufbau entschloss, was allerdings wiederum nur durch Stiftungen, Spendenaufrufe und Bürgerbeteiligung möglich war – genauso wie beim ersten Bau der Oper.

Am 28. August 1981 wurde die Alte Oper als Konzerthaus wiedereröffnet, der damalige Bundespräsident Karl Carstens war Ehrengast. 1983 wurde der große Schalenbrunnen nach Entwürfen von Richard Lucae aufgestellt und nach ihm benannt. Die beiden kleineren Schalenbrunnen links und rechts der Oper stammen aus dem Jahr 1880.

Vor Eintritt in die Taunusanlage könnte sich auch ein Abstecher in den Rothschildpark lohnen, der sich hinter dem OpernTurm (UBS-Turm) befindet (s. „Seitensprünge“).

OpernTurm

Von einem besonderen Brunnen, vielen Denkmälern und vielen Hochhäusern

Von einem besonderen Brunnen, vielen Denkmälern und vielen Hochhäusern

Die Taunusanlage

Die beiden halbrunden steinernen Pergolabögen markieren den Eingang zur Taunusanlage. Sie laden zur Pause ein und bieten Ihnen einen schönen Blick auf die Alte Oper und den Lucae-Brunnen, der im Sommer den Besuchern eine wunderbare und kostenlose Erfrischung bietet.

Pergola

Die Taunusanlage umfasst etwa 45.000 m². Namensgeber ist das Taunustor. Dieser Name stammt nicht von einem mittelalterlichen Stadttor an dieser Stelle, sondern vom Taunusbahnhof. Er war die östliche Endstation der Taunus-Eisenbahn nach Wiesbaden.

In der Taunusanlage lassen sich viele Denkmäler und Skulpturen finden, einige davon werden hier etwas näher beschrieben.

Die Holzstelen Opernspiele

In der Nähe des Opernplatzes stehen drei geschnitzte und bemalte Holzstelen, die während der Opernspiele 1996, 1999 und 2012 entstanden sind. Die Opernspiele sind Veranstaltungen während der Sommerferien, die vom Verein Abenteuerspielplatz Riederwald e.V. durchgeführt werden.

Der Künstler Dirk von Manteuffel hatte mit Kindern die bis zu sechs Meter hohen Eichenstämme bearbeitet.

Die linke Stele erinnert an die Sonnenfinsternis am 11. August 1999.

Holzstelen

Der Marshall-Brunnen

Er wurde am 27. Oktober 1963 zum Gedenken an George C. Marshall enthüllt. Sein Schöpfer war der Münchener Bildhauer Toni Stadler, der den Brunnen im Auftrag von Frankfurter Unternehmen, mit deren Spenden die Arbeit finanziert wurde, entwarf. George C. Marshall war ein US-amerikanischer General of the Army und Staatsmann. Am bekanntesten wurde er durch den nach ihm benannten Marshallplan, einem großen Wirtschaftswiederaufbauprogramm der USA, das nach dem Zweiten Weltkrieg dem an den Folgen des Krieges leidenden Westeuropa zugutekam. Es bestand aus Krediten, Rohstoffen, Lebensmitteln und Waren. Dafür erhielt Marshall 1953 den Friedensnobelpreis und 1959 den Karlspreis.

Das Wasserbecken ist mit Natursteinen eingefasst. Die drei Bronzefiguren gruppieren sich um die Wasserquelle. Sie stellen Grazien der griechischen Mythologie dar und sollen die Anmut im Geben, Empfangen und Danken ausdrücken. Am Wegesrand in Richtung Oper befindet sich jeweils links und rechts ein Stein mit Inschriften.

Marshall-Brunnen

Guiollett-Denkmal

In Höhe Einmündung der Guiollettstraße in die Taunusanlage befindet sich das Denkmal für Jakob Guiollett, den Initiator der Frankfurter Wallanlagen, das 1837 von Eduard Schmidt von der Launitz geschaffen worden war.

„Aufforderung“ heißt das nächste dekorative Kunstwerk in der Taunusanlage, das die Stuttgarter Künstlerin Doris Schmauder (1929–1998) geschaffen hat. Es wurde 1985 in dem kleinen Pavillon aufgestellt. Der bronzene Männerakt mit dem weiten Ausfallschritt, den ausgestreckten Armen, Maske und Harlekinkragen soll als Aufforderung zum Tanz verstanden werden.

Zunächst kommen Sie zur Junghofstraße. Hier möchte ich Sie zu einem „außerplanmäßigen“ Abstecher einladen. Überqueren Sie die Junghofstraße, gehen nach links bis zur Neuen Mainzer Straße, überqueren diese und wenden sich nach rechts, bis Sie vor dem Maintower stehen. Lösen Sie ein Ticket zur Fahrt mit dem Lift zur Plattform. Dort angekommen,

Aufforderung

liegt Ihnen Frankfurt zu Füßen. Genießen Sie die Aussicht über Frankfurt und sein Umland, das im Norden vom Taunus begrenzt wird, im Osten sehen Sie bis nach Hanau und dem Kraftwerk Staudinger, dahinter können Sie die Höhen des Spessart sehen, im Süden den Odenwald und im Westen in den Rheingau. In den beiden Stockwerken unter der Plattform residiert der Hessische Rundfunk mit Fernsehstudios, in denen die Sendungen „Hessenschau“, „Alle Wetter“, „Maintower“ oder die Ziehung der Lottozahlen produziert werden. Darunter befindet sich ein Restaurant (siehe auch Kapitel „Pausenplaner“). Danach sollten Sie wieder zurück in die Taunusanlage gehen.

Wenn Sie sich nun zu einem kleinen „Seitensprung“ nach rechts entschließen, erreichen Sie den Winzerbrunnen, im Volksmund Lachhannes-Brunnen genannt, einen spät-klassizistischen Pumpenbrunnen. Johann Nepomuk Zwerger schuf 1859 die Bronzebüste eines Weingärtners („Lachhannes“). Von Zwerger wurde auch die Statue Karls des Großen auf der Alten Brücke geschaffen.

Lachhannes-Brunnen

Dem Lachhannes-Brunnen gegenüber steht das „63er-Denkmal“ für das Feldartillerie-Regiment Nr. 63, eine in Frankfurt eher seltene Spezies, denn es gab erst seit der preußischen Zeit Regimenter in der Stadt. Das Denkmal ist nur noch als Torso erhalten, aus rotem Sandstein grenzt es in Form einer Brüstung die tiefer liegenden Bereiche der Anlage ab und stellt eine Sichtachse zum ehemaligen Schweizerhäuschen her, das an der Stelle stand, auf der jetzt das Beethoven-Denkmal steht. In der Brüstung erinnern Schrifttafeln an die wichtigen Etappen des Ersten Weltkrieges sowie die in Frankfurt ansässigen Regimenter. Das Denkmal wurde im Oktober 1938 eingeweiht.

63er-Denkmal

Nun haben wir ein futuristisch wirkendes, graues Betongebilde vor uns: das Denkmal „Ein Haus für Goethe", 1986 von dem spanischen Bildhauer Eduardo Chillida geschaffen. Die monumentale Skulptur mit den Maßen 3 x 6 x 8m ist nach vorne und oben offen. Chillida soll dieses Werk mit den Worten „Das Haus eines Mannes wie Goethe könnte nicht überdacht werden: Das Licht, das er suchte, wäre unter einem Dach verborgen"

Ein Haus für Goethe

kommentiert haben. Die Architektur gerader Flächen in Kombination mit geometrischen Öffnungen bildet damit einen halbgeschlossenen Raum. Zwei Flächen werden durch einen Bogen verbunden, der eine Brücke zwischen Raum und Zeit symbolisiert. Dies erinnert an die offene Apsis einer romanischen Kirche, in deren Mitte die letzte Ruhestätte Goethes liegen könnte.

Das 1948 nach einem bereits vor dem Krieg entstandenen Modell gegossene Beethoven-Denkmal ist ein Werk Georg Kolbes. Es steht auf einem kleinen Hügel, einem Rest der ehemaligen Wallanlagen. Die drei in Bronze gegossenen überlebensgroßen Figuren sind eine allegorische Interpretation menschlicher Genialität. Sie zeigen, wenn auch physiognomisch nicht auf den ersten Blick identifizierbar und darum allegorisch zu verstehen, in der Mitte „Beethoven" in athletischer Gestalt. Die Arme vor der Brust gekreuzt, als sei er bereit, jeden Widerstand aus dem Weg zu räumen. Begleitet wird er von zwei weiblichen Figuren, Symbole der inneren Stim-

Beethoven-Denkmal

men: links die „Sinnende“ und rechts die „Rufende“, dargestellt als anmutige, amazonenhafte Frauen.

Bis kurz nach dem Zweiten Weltkrieg stand hier ein sogenanntes Schweizer Häuschen im Chalet-Stil, das ein beliebtes Ausflugslokal der Frankfurter war.

Eine besonders bewegte Geschichte hat das Heine-Denkmal von Georg Kolbe. Sie finden es, wenn Sie sich auf den Weg nach rechts begeben. Es entstand 1913 als erstes Heine-Denkmal in Deutschland gegen den wütenden Protest antisemitischer Kreise und fand seinen Platz zunächst in der Friedberger Anlage.

Historisches

Heine-Denkmal

Am 27. April 1933, sechs Wochen nach der nationalsozialistischen Machtergreifung, stürzte eine Gruppe von Hitlerjungen die Denkmalfiguren. Sie wurden geborgen und unter dem neutralen Titel „Frühlingslied von Kolbe“ im Garten des Städel aufgestellt. Während des Bombenkrieges im Keller eingelagert, wurden sie bei der Zerstörung des Städel verschüttet, blieben aber unbeschädigt. Am 14. Dezember 1947 konnte das Denkmal an seinem neuen Standort in der Taunusanlage wieder enthüllt werden. Die Bildnisplakette auf dem Sockel des Denkmals ist das letzte Werk des 1947 verstorbenen Georg Kolbe. Im Zuge der Neugestaltung des Anlagenringes wird das Denkmal in die Friedberger Anlage in der Nähe der Gedenkstätte versetzt werden. Dort hat es dann sicher einen würdigeren Platz.

Wenden Sie sich nun nach rechts zum sogenannten Lesegarten.

Das Schneewittchen-Denkmal, das Schneewittchen auf dem Totenbett zeigt, wurde von dem Bildhauer August Haag (1885–1933) geschaffen und 1930 am Rand des damaligen Kinderspielplatzes, dem heutigen „Lesegarten", errichtet. Bei der Einweihung des Denkmals am 23. August 1930 waren mehrere hundert Frankfurter Schulkinder anwesend.

Die Gedenkplatte „Der Riss durchs Leben" wurde am 21. Juli 2006, dem Gedenktag für verstorbene Drogenabhängige, zur Erinnerung an die vielen Drogentoten in Frankfurt auf dem Platz vor dem Schneewittchen-Denkmal eingelassen. Schöpfer dieser Platte ist Rolf Dillmann, die Initiative ging

Schneewittchen-Denkmal

Gedenkplatte „Riss durchs Leben"

von drei Institutionen aus: dem Netzwerk JES (Junkies Ehemalige Substituierte), dem Bundesverband der Eltern und Angehörigen für akzeptierende Drogenarbeit und der Aidshilfe Frankfurt. In den Jahren der offenen Drogenszene war der „Lesegarten" ein wichtiger Treffpunkt, an dem auch mehrere Menschen starben.

Die große Diagonale

Das Denkmal „Die große Diagonale" ist eine Granitstele, die 1980 im Rahmen der Wiederherstellungsarbeiten der Taunusanlage vom Frankfurter Künstler Michael Siebel im Auftrag des Gartenamtes geschaffen wurde, und das aus einem alten Begrenzungsstein besteht.

Schiller-Denkmal

Das letzte Denkmal auf Ihrem Spaziergang durch die Taunusanlage ist das Schiller-Denkmal, das bis vor dem Zweiten Weltkrieg seinen Platz an der Hauptwache hatte.

Natürlich ist durch die Bankenwelt, die sich entlang der Taunusanlage angesiedelt hat, auch ein wahrer Wald von Hochhäusern entstanden. Der OpernTurm wurde ja schon erwähnt, und auch die beiden Türme der Deutschen Bank, im Volksmund „Soll und Haben“ genannt, haben Sie schon hinter sich gelassen.

Auf der „Frankfurter“ Seite stehen aber noch eine ganze Reihe erwähnenswerter Türme.

Die Garden Towers waren bis 2003 Sitz der Landesbank Hessen-Thüringen und hießen damals noch Helaba-Hochhaus. Dann zog die Landesbank in den benachbarten Main Tower. Den Main Tower, das einzige öffentlich zugängliche Hochhaus, haben Sie ja viel-

Doppeltürme der Deutschen Bank, im Hintergrund rechts das Hochhaus „Trianon“ auf der Mainzer Landstraße

Japan Center, rechts davon der Commerzbank-Turm

Main Tower

leicht mittlerweile bestiegen. Die Höhe des Gebäudes mit Mast beträgt 240 m.

Das Eurotheum, vor dem Main Tower gelegen, ist sowohl Bürohaus als auch ein Wohnhaus. In den obersten Stockwerken befindet sich ein Hotel (Innside by Meliá), das auch Langzeitvermietung von Luxus-Appartements anbietet. Hauptmieter für die Büroetagen ist die EZB. Im 22. Obergeschoss befindet sich eine zum Hotel gehörende Bar, die öffentlich zugänglich ist.

Das Japan Center mit 115 m Höhe ist das letzte in der Reihe der Hochhäuser entlang der Taunusanlage. Von Joachim Ganz entworfen, entspricht es mit seiner terrakottafarbenen Natursteinverkleidung und strenger Geometrie klassisch-japanischem Design. Das Grundmaß ist von der japanischen Tatami-Matte (0,9 m × 1,8 m) abgeleitet, und das auskragende Dach des Hauses erinnert an die Form einer japanischen Steinlaterne.

Nr. 1
Von umstrittenen Denkmälern
abonnieren!

Von umstrittenen Denkmälern

Die Gallusanlage

Historisches

Woher kommt der Name „Gallusanlage"?

Ungefähr zwischen Kaiserstraße und Willy-Brandt-Platz hat das Gallus- oder Galgentor gestanden, das schönste der Frankfurter Stadttore, durch das der Kaiser seinen Einzug in die Stadt hielt. Alle Ratsherren der Stadt mussten bei solchen Gelegenheiten dem Kaiser bis vor das Tor entgegenkommen und mit ihren Prachtgewändern, die sie zu Ehren des Kaisers angelegt hatten, vor ihm im Staub knien. Seinen Namen hatte es von dem vor dem Tor liegenden Galgenfeld. Bevor der Kaiser in die Stadt zog, mussten die am Galgen Hingerichteten abgehängt werden. Irgendwann einmal war den Frankfurtern der Name „Galgentor", „Galgengasse" zu makaber, und deshalb kam es zu der Legende, dass der hl. Gallus bei seinen Missionsreisen einmal durch diese Straße gepilgert sei, weshalb es zur Namensänderung „Gallustor" kam. Nach diesem Tor wurde dieser Teil der Anlage „Gallusanlage“ genannt.

Gallustor vor 1809, kolorierter Aquatintastich von Gottlieb Prestel

Das neue Hochhaus, das sich am Anfang der Gallusanlage erhebt, ist der TaunusTurm.

Er ist auch deshalb bedeutend, weil sich in ihm seit 2014 eine Dependance des Museums für Moderne Kunst (MMK) befindet. Dafür wurde dem Museum für 15 Jahre die kostenlose Nutzung des zweiten Stockwerks und des Erdgeschosses, in dem sich ein Buchladen und das Museums-Café befinden,

TaunusTurm

Opfer-Denkmal (hier noch an seinem alten Standort)

eingeräumt. Damit kann das MMK viele weitere Werke aus seiner Sammlung dem Publikum zugänglich machen.

Nun stehen Sie vor dem Denkmal von Benno Elkan „Den Opfern“.

Historisches

Opfer-Denkmal

Benno Elkan war 1877 in Dortmund als Sohn einer jüdischen Familie geboren. Er absolvierte ein Kunststudium, war aber als Bildhauer Autodidakt und spezialisierte sich auf diesem Gebiet vor allem auf Grabdenkmale.

Seit Oktober 1919 wohnte Benno Elkan mit seiner Familie in Frankfurt am Main, wo er sich im Kulturleben etablieren konnte. Bereits 1919 war er Vorsitzender des Künstlerrats in Frankfurt, der die Interessen der Künstler beim Magistrat der Stadt vertreten sollte. Elkan schreibt, dass der Künstlerrat erreichte, „daß viele Aufträge für städtische Rechnung gegeben wurden“. Benno Elkan führte ein großes Haus im bürgerlichen Frankfurt-Westend, sein Atelier lag in der Karmelitergasse im Kreuzgang des Karmeliterklosters.

Im Jahre 1919 erhielt Elkan von der Stadt Frankfurt den Auftrag, ein Mahnmal für die Opfer des Ersten Weltkriegs zu schaffen. Elkan entwarf zunächst eine monumentale, 40 Meter hohe Stele mit dem Relief eines Jünglings. Daten und Fakten aus den Jahren 1913 und 1919 sollten im Vergleich die verheerenden Folgen des Weltkriegs deutlich machen. Dieser pazifistische Entwurf wurde nicht realisiert. Stattdessen kaufte die Stadt Frankfurt stattdessen Elkans 1913/14 in Alsbach entstandene Skulptur „Heldenklage“, die am 3. Oktober 1920 feierlich enthüllt wurde.

Ursprünglich wollte die Stadt ein nationalbewusstes Kriegerdenkmal zum Gedenken an die Gefallenen des Ersten Weltkrieges aufstellen. Die Darstellung der im Schmerz zusammengesunkenen, trauernden Mutter entsprach allerdings diesen Vorstellungen überhaupt nicht. Elkan hatte ein Opfer-Denkmal geschaffen, und das war sogar den eigentlich sehr toleranten Frankfurtern zu viel und brachte dem Bildhauer heftige Kritik ein. Und da gab es vieles zu kritisieren: Es war „den“ Opfern gewidmet, und damit waren natürlich auch die Toten des Gegners einbezogen. Dann fühlten sich nationalkonservative Kritiker in ihrem nationalen Stolz verletzt, weil sie in der Figur der Mutter eine klagende Germania sahen und damit ein Symbol des gebrochenen, besiegten Deutschlands.

Außerdem wurde die künstlerische Qualität des Werkes kritisiert. Man hat moniert, der Ausdruck des Schmerzes sei nicht überzeugend. Auch die Nacktheit der Figur fand man zu sinnlich. Dem Kunstverständnis der Nationalsozialisten entsprach das Denkmal sowieso in keiner Weise: Ihnen fehlte das Pathos des Sterbens als Ideal des heldischen Ausdrucks, und die Darstellung des individuellen Schmerzes war dem „Volksgemeinschaftsprinzip" entgegengesetzt und deshalb unerwünscht. Der Künstler nahm mit seinem Denkmal Partei für die Opfer, und das kam in jener Zeit überhaupt nicht gut an. Allerdings hatte sich Elkan in keinem seiner Denkmalsentwürfe an dem nationalen Heldenkult beteiligt. Die Monumentalität des Werkes, auch durch die Materialwahl des dunkelgrünen polierten Granits, hätte zwar gut in die Zeit des Nationalsozialismus gepasst. Aber die ganze Intention der Thematik und die Gestaltung der Skulptur haben den Machthabern nicht gefallen.

„Die einzige Inschrift war: ‚Den Opfern'. Dieses Denkmal wurde bald in Deutschland und jenseits der deutschen Grenzen ziemlich berühmt, weil es den universellen Schmerz und die universellen Opfer auszudrücken schien, die der Krieg für jeden, für jede Ehefrau und jede Mutter in jedem Land gebracht hatte. Aber schon bald nach der Enthüllung dieses Denkmals begannen einige kleinere Zeitungen einer Gruppe, die sich damals ‚Deutsch-völkisch' nannte, meinen Vater anzugreifen und sein Denkmal als ‚undeutsch' zu bezeichnen." (Wolf Elkan, Erinnerungen, zitiert nach: Aylke Bartmann/ Ursula Blömer/Detlef Garz (Hrsg.): 'Wir waren die Staatsjugend, aber der Staat war schwach'. Jüdische Kindheit und Jugend in Deutschland und Österreich zwischen Kriegsende und nationalsozialistischer Herrschaft. Reihe: Oldenburgische Beiträge zu Jüdischen Studien Bd. 14 Oldenburg 2003 S. 143.)

Benno Elkan erhielt als jüdischer Künstler aus rassistischen Gründen Berufsverbot und emigrierte 1935 nach London, wo er 1960 starb.

Die Figur des Denkmals „Den Opfern“ sollte zerstört werden. Aus unbekannter Ursache erhielt die Figur aber Asyl im Betriebshof der Städtischen Straßenreinigung in der Gutleutstraße 220. Wenige Monate nach Beendigung des Krieges schlug die Freie Deutsche Kulturgesellschaft dem Magistrat die Wiederaufstellung der Figur vor. Am 18. April 1946 wurde das Denkmal an seinem ursprünglichen Ort feierlich eingeweiht.

Am 9. November, dem Jahrestag der Reichspogromnacht, findet hier eine Kranzniederlegung statt.

Zu Elkans Hauptwerken zählt u.a. auch die Große Menora vor der Knesset, dem Israelischen Parlament.

Die Kaiserstraße zerschneidet die Gallusanlage. Bevor Sie diese Straße überqueren, riskieren Sie noch einen kurzen Blick nach rechts auf die Stahlinstallation „Der Olymp von Weimar“ des spanischen Künstlers Andreu Alfaro. Diese Skulptur erinnert daran, dass an dieser Stelle nach dem Krieg das Goethe-Denkmal stand, bevor es 2008 wieder auf dem Goetheplatz aufgestellt wurde.

Weiter geht es in Richtung Willy-Brandt-Platz. Hier steht ein modernes „Denkmal“: das Euro-Zeichen, umgeben von den zwölf Sternen, das häufig im Fernsehen bei den Wirtschaftsnachrichten zu sehen ist. Ungewiss ist, ob die Europäische Zentralbank bei ihrem Umzug auch das Eurozeichen

EZB-Gebäude

mitnehmen wird (oder verschrotten?). Auf jeden Fall entstand bereits bei seiner Aufstellung eine lebhafte Diskussion um dieses Denkmal: Gegner, die das Euro-Zeichen einfach nur scheußlich finden, und Befürworter, die es als ein Symbol des Finanzplatzes Frankfurt ansehen. Die Diskussionen dauern bis heute an.

Auch die Hochhäuser auf der gegenüberliegenden Straßenseite sollen noch erwähnt werden:

Zunächst sehen Sie den „Skyper", ein Gebäude, das ursprünglich die Dresdner Bank erbaut hatte und sozusagen in die Ehe mit der Commerzbank eingebracht wurde. Er wurde anstelle des abgerissenen 1960er-Jahre-Hochhauses der Zentrale der in Konkurs gegangenen Philipp Holzmann AG erbaut. Seit 2006 ist der Skyper im Besitz einer Fondsgesellschaft der UBS Deutschland AG.

Skyper im Vordergrund, links dahinter der „Silberturm"

Dahinter steht der sogenannte „Silberturm", der von 1978 bis 1990 das höchste Gebäude in Deutschland und bis 2008 Teil der Zentrale der Dresdner Bank war. 2008 zogen die Mitarbeiter der Dresdner Bank aus, da das Gebäude saniert wurde. 2012 ist die DB Systel, der ICT-Dienstleister der Deutsche Bahn AG, als neuer Mieter eingezogen, da die Commerzbank als neue Eigentümerin der Dresdner Bank die Fläche nicht mehr benötigte. Das Hochhaus zeichnet sich durch seine auffällige Fassaden-

Silberturm

Gallileo

gestaltung mit Aluminiumelementen und runden „Ecken“ aus.

Letzter Turm in dieser Reihe ist der Gallileo, der anstelle des früheren Vorstandsgebäudes (Zinßerturm, 1951 erbaut, 12 Stockwerke hoch) steht und Teil der Konzernzentrale der früheren Dresdner Bank als Ergänzung zum anderen Hochhaus am Jürgen-Ponto-Platz gilt. Das English Theatre hat dort seine Heimat gefunden.

Von einem märchenhaften Brunnen

Von einem märchenhaften Brunnen

Die Untermain-Anlage

Wenn Sie nun den Willy-Brandt-Platz, der nur noch von den Straßenbahnen befahren wird, überquert haben, stehen Sie neben den Gebäuden der Städtischen Bühnen, also dem Schauspielhaus und der Oper.

Willy-Brandt-Platz mit Theater-Doppelanlage

Städtische Bühnen

Unter der Decke des Foyers im ersten Stockwerk ist – über die gesamte Breite des Gebäudes – die Plastik „Goldwolken" des ungarischen Künstlers Zoltán Kemény (1907–1965) zu sehen. Der Volksmund nennt das Foyer „Günther-Grass-Gedächtnishalle" in Anlehnung an seinen Roman „Die Blechtrommel".

„Goldwolken" im Foyer der Städtischen Bühnen

An der Stelle der heutigen Städtischen Bühnen stand bis zu seiner Zerstörung 1944 das Schauspielhaus. Teilweise sind seine alten Mauern noch hinter der modernen Fassade vorhanden, und bei einer Führung durch das Operngebäude kann man erfahren, dass man diese Reste von einem Fenster im Inneren noch sehen kann.

Mainweibchen auf dem Märchenbrunnen

Gleich am Anfang der Anlage steht der Märchenbrunnen – ein Brunnen im Jugendstil, der 1910 fertiggestellt wurde.

Historisches

Der Märchenbrunnen

Der Bau des Märchenbrunnens wurde von dem Kunstmäzen Leo Gans angeregt und finanziert, der als Leiter der Cassella-Werke in Fechenheim um die Jahrhundertwende

Märchenbrunnen – Bronzefiguren

einen Kunstfonds gründete und 150.000 Mark (in heutiger Kaufkraft 914.377 Euro) für das Projekt aufwendete. Der Bildhauer Ernst Friedrich Hausmann erhielt den Auftrag, als Brunnenfigur eine Nymphe (im Volksmund „Mainweibchen" genannt) aus weißem Tiroler Marmor zu gestalten.

Dabei fiel im Hause der jüdischen Adelsfamilie Carl und Arthur von Weinberg, wo viele gesellschaftliche Ereignisse stattfanden, die Wahl auf eine dort beschäftigte, 19 Jahre alte, hübsche Wäscherin aus Niederrad: Margarete Endres, die spätere Ehefrau des Organisten Eduard Gelbart. Im Jahre 1906 stand sie dem Städel-Professor Friedrich Hausmann Modell. 1910 war der Brunnen fertiggestellt.

Die Bronzefiguren wurden im Zweiten Weltkrieg eingeschmolzen und lange Zeit nicht wieder ersetzt. Anhand von Fotografien aus den 1920er-Jahren wurden sie 2006 durch das nordkoreanische Mansudae Art Studio rekonstruiert.

Bronzefigur am Märchenbrunnen

Die Kontakte waren im Vorfeld der Buchmesse 2004 geknüpft worden, um Nordkorea zur Teilnahme an der Messe zu bewegen und den Reformprozess des kommunistischen Landes zu bestärken – diese Entscheidung war in Frankfurt nicht ganz unumstritten. Natürlich spielten auch finanzielle Überlegungen bei der Auftragsvergabe eine Rolle. Zeitweise musste der Märchenbrunnen auch dem Ausbau der Tiefgarage weichen.

Mädchen mit einem Licht

Man sollte bei aller Bewunderung für den Märchenbrunnen noch einen Blick auf das gründerzeitliche Haus an der Ecke Wilhelm-Leuschner-Straße werfen. Es gibt uns einen Eindruck für die Farbgebung der Häuser, die nach der Entstehung des Anlagenringes den äußeren Rand bildeten. Über diese hatte Alexandre Dumas 1837 geschrieben:

„Und so gleicht Frankfurt mit seinen weißen, pistaziengrün und rosa angemalten Häusern einem riesigen Kamelienbukett in einem Kranz von Heidekraut.“

Südlich der Städtischen Bühnen befindet sich im ehemaligen Palais Rothschild das Jüdische Museum. In seinem Bereich steht die Bronzeskulptur „Mädchen mit einem Licht“, ebenfalls ein Werk von Benno Elkan, um 1925 als Grabmal geschaffen.

Historisches

Das Ende der ehemaligen Befestigungsanlagen an dieser Stelle war der Schneidwall mit dem Mainzer Tor, die am stärksten befestigte Stelle der gesamten Wehranlage. Die Niederlegung brachte deshalb die größten Schwierigkeiten mit sich.

Im Zuge der Neugestaltung nach dem Abriss der Wallanlagen entstand das Untermaintor nach Entwürfen von Johann Friedrich Christian Heß.

Das Untermain-Thor in Frankfurt a/M., Johann Friedrich Morgenstern

Bevor Sie die Straße überqueren, werfen Sie noch einen Blick auf das weiße Gebäude, das sich direkt neben der Anlage befindet. Es handelt sich dabei um das Rothschildpalais, in dem sich das Jüdische Museum befindet. Sowohl dieses Ge-

Rothschildpalais

bäude wie auch das danebenstehende Gebäude Untermainkai 15 wurden ebenfalls von dem Stadtbaumeister Johann Friedrich Christian Hess im klassizistischen Stil 1820/1821 erbaut.

Von Mittelmeer-Impressionen

Von Mittelmeer-Impressionen

Das Nizza

Überqueren Sie nun die Straße am Ende der Anlage und gehen die Stufen am Nizza-Café entlang hinab. Hier stehen Sie in einer weiteren „grünen" Sehenswürdigkeit, die ebenfalls bei den Frankfurtern sehr beliebt ist: das Nizza.

Damit stehen Sie sozusagen an der „Frankfurter Côte d'Azur". Eigentlich befinden Sie sich auch außerhalb des ehemals ummauerten Frankfurts.

Historisches

Die gärtnerische Anlage

Wegen der Befestigungsanlagen fristete das Grün innerhalb der Mauern Frankfurts nur ein kümmerliches Dasein, und deshalb waren die begrünten Wallanlagen die einzigen öffentlich zugänglichen Möglichkeiten, um der schlechten Stadtluft zu entgehen. Nur die reichen Frankfurter konnten es sich leisten, außerhalb der Mauern ein grünes Refugium einzurichten.

Landhaus der Familie Guaita an der Mainlust, Carl Theodor Reiffenstein

Zwei der reichen Frankfurter Familien waren die Familien Guaita und Loën. Sie besaßen schon im 17. Jahrhundert ausgedehnte Grundstücke vor den Frankfurter Mauern. Das Gelände, auf dem wir nun stehen, gehörte der Familie Guaita, die im 17. Jahrhundert aus Oberitalien nach Frankfurt gekommen

Der Untermainkai 1826, Kupferstich von F. J. Mannskirch

war und hier einen Gemüse- und Obsthandel betrieb – mit großem Erfolg, obwohl sie als Katholiken in der protestantischen Stadt Frankfurt mit großen Schwierigkeiten zu kämpfen hatte. Das Landgut am Main bestand aus einem großen Landhaus mit ausgedehntem Landschaftsgarten.

An der Stelle des heutigen Mainufers lag bis 1858 die kleine Insel „Mainlust“. Sie war durch den Mainarm „Kleiner Main“ vom damaligen Mainufer getrennt.

Der Kleine Main wurde damals als Winterhafen genutzt, aber seit dem Beginn des 19. Jahrhunderts lagen dort bereits Badeschiffe, und nicht lange danach eröffneten die ersten Badeanstalten ihren Betrieb. Schon seit 1832 stand auf der Insel ein Ausflugslokal mit Gartenterrasse und kleinen Pavillons, die für Frankfurter Besucher eine große Attraktion darstellten. Die Terrasse war von Heinrich Siesmayer, dem Schöpfer des Frankfurter Palmengartens, mit mediterranen Pflanzen gestaltet worden. Um die Insel mit dem Ufer zu verbinden, wurde

Die Schwimmschule am Unter-Main Thor in Frankfurt am Main, Johann Friedrich Morgenstern, 1821

der Kleine Main zugeschüttet und eine Trasse für die Städtische Verbindungsbahn Frankfurt am Main gebaut. Das Ausflugslokal bestand bis 1866, danach wurde es als Lazarett genutzt (Sie erinnern sich: die Preußen!) und später abgebrochen. 1898 eröffnete am Nizza die Schwimmanstalt Mosler, die damals größte in Deutschland. Sie wurde jedes Frühjahr auf Holzplanken, die von Pontons getragen wurden, neu errichtet und im Herbst wieder abgebaut. Anfang des 20. Jahrhunderts wurde am Nizza-Ufer ein Damenschwimmbad eröffnet, die Georg Dannhof´sche Schwimm-und Badeanstalt.

1860 ließ Sebastian Rinz diese ehemalige Maininsel als Endpunkt der Wallanlagen und Park gestalten. Dadurch konnte die Maininsel auf diese Weise nicht mehr als Lagerplatz genutzt und die Verbindung zwischen Ost- und Westhafen nicht mehr unterbrochen werden. Allerdings war es Rinz nicht mehr vergönnt, dieses Werk zu vollenden. Sein Enkel und Nachfolger Andreas Weber übernahm diese Aufgabe und gestaltete die Anlage 1875 neu. Dabei ließ er sich von den Planungen Siesmayers leiten und pflanzte auch wieder mediterrane Pflanzen hier an, die aber teilweise in Gewächshäusern überwintern mussten. Erst ab dieser Zeit trägt die Anlage offiziell den Namen Nizza. Aus dieser Zeit stammt auch die Platanenallee. Eine Gedenktafel für Andreas Weber finden wir an der Mauer des Mainkais.

Gedenktafel Andreas Weber

In den 1930er und 1950er Jahren wurden weitere Umgestaltungen im Nizza vorgenommen.

1933 wurde im Westen die Rollschuhbahn mit einem Pavillon errichtet. Sie besaß eine Ausdehnung von gut 3.000 m². In den Nachkriegsjahren wurde sie wiederaufgebaut und durch den Roll- und Eissportclub Frankfurt in den 1950er und 60er Jahren ein Zentrum des Rollkunstlaufs. Während der Sommermonate trainierten hier Marika Kilius und ihr Partner Franz Ningel, weil es zu dieser Zeit noch keine Kunsteisbahnen gab. An der Stelle des Pavillons an der Rollschuhbahn wurde der Bau des jetzigen Restaurants Nizza errichtet, das auch den Mitarbeitern des Bankhauses Metzler als Kantine dient.

Eine weitere Sanierung erfolgte 1973, in späteren Jahren verfiel aber dann die Anlage. 1999 beschlossen die Stadtverordneten die Beseitigung der Anlage, weil sie den Zugang am Mainufer in Richtung Westhafen versperrte. Der Abriss erfolgte im Oktober 2005.

Palmenblüte im Nizza

Histor

Die schwierige Finanzsituation führte Ende des 20. Jahrhunderts dazu, dass das Nizza nicht mehr im erforderlichen Umfang erhalten und gepflegt werden konnte. In dieser Zeit bevölkerten Obdachlose und Drogensüchtige die Anlage. Dann warf König Fußball seinen Schatten voraus: Im Zuge der Vorbereitungen auf die Fußballweltmeisterschaft 2006 wurden in den Jahren 2000 bis 2005 Sanierungsarbeiten des Nizza durchgeführt. Dabei wurde der Park neu gestaltet und mit winterharten mediterranen Pflanzen bestückt. Die Sonnenuhr wurde 2004 restauriert und von ihrem ursprünglichen Standort im Nizza um 1,4 km in die Anlage vor der Schönen Aussicht versetzt. Die Fassung des Grindbrunnens wurde ebenfalls restauriert und bekam einen neuen Platz neben dem ehemaligen Frankfurter Druckwasserwerk am Westhafen.

Der Grindbrunnen

Probebohrungen im Bereich des Nizzas ergaben Funde von schwefelhaltigem Wasser. Es wurde als „Heilwasser" zum Rachengurgeln geeignet befunden und durch eine Leitung 1886 von einem anderen Bereich des Westhafens in das Nizza verlegt. Als „Grindbrunnen" ist es den älteren Frankfurtern bestimmt noch in Erinnerung, und nicht wenige haben mit einigem Schaudern das Wasser, das nach faulen Eiern roch, probiert. Ein kleiner Pavillon mit Zapfstellen wurde errichtet, damit promenierende Passanten nicht durch die Gurgelgeräusche und das Ausspucken gestört wurden. Eine doppelläufige Treppe sollte die Anlage architektonisch mit dem höher liegenden Mainkai verbinden.

Ein Kurort „Bad Frankfurt am Main" wurde die Stadt durch den Grindbrunnen aber nicht – schon vor dem Ersten Weltkrieg war der Zustrom von heilwilligen Kurgästen sehr gering, und Anfang der 1960er Jahre wurde der Grindbrunnen wegen Grundwasserverschmutzung endgültig stillgelegt.

Das Nizza und die Kunst

Auch einen Maler, der nach dem Ersten Weltkrieg nach Frankfurt kam, hat das Nizza inspiriert: 1921 malte Max Beckmann das Bild „Das Nizza in Frankfurt am Main".

Max Beckmann bekam schon kurz nach seinem Einsatz im Ersten Weltkrieg einen Nervenzusammenbruch und kam zunächst in ein Sanatorium nach Straßburg und zog danach nach Frankfurt.

1925 übernahm er das Meisteratelier der Städel-Kunstgewerbeschule und wurde 1929 zum Professor in Frankfurt ernannt.

Ab 1931 wurde er zunehmend von den Nationalsozialisten angegriffen und als „entarteter Künstler" diffamiert. 1933 wurde ihm der Lehrauftrag entzogen. Auch viele seiner Schüler, die nun ohne Ausbildung dastanden, waren als „entartet" gebrandmarkt worden und hatten keine Möglichkeit mehr, sich künstlerisch zu betätigen. Man hat später von einer „verschollenen Generation" gesprochen. Einige ihrer Werke wurden von den Nazis auf dem Römerberg verbrannt. 509 von Beckmanns Werken wurden von den Nazis aus deutschen Museen beschlagnahmt. Beckmann wurde zum meistgehassten Künstler für die Nazis, er hatte unter vielen Schmähungen während der zahlreichen Propagandaausstellungen, die in ganz Deutschland veranstaltet wurden, zu leiden. 1933 verließ er Frankfurt und zog nach Berlin, von wo er 1937 mit seiner Frau nach Paris, später nach Amsterdam, emigrierte. 1947 siedelte er nach New York um und starb dort 1950.

Bevor Sie in Richtung Untermainbrücke gehen, werfen Sie noch einen Blick zurück nach Westen, um die schöne Platanenallee zu bewundern.

Platanenallee

Von einer Riesenbaustelle, einem klassizistischen Haus, der ältesten erhaltenen Kirche Frankfurts und einer besonderen Brücke

Von einer Riesenbaustelle, einem klassizistischen Haus, der ältesten erhaltenen Kirche Frankfurts und einer besonderen Brücke

Der Untermainkai

Unter der Untermainbrücke hindurch geht es weiter in Richtung Altstadt. Ein Stückchen weiter mainaufwärts etwa in Höhe der Seckbächer Gasse endete die ältere der Stadtmauern.

Ein kurzes Stück hinter der Untermainbrücke steigen Sie die Treppe zur Straße hinauf. Unterwegs sehen Sie zunächst die Großbaustelle „Maintor". Auf dem ehemaligen Degussa-Gelände entstehen ein neues Hochhaus und Häuser mit Wohnungen der Marke Luxusklasse – es sollen die teuersten Wohnungen in ganz Frankfurt werden. Dahinter befindet sich in einem alten Gebäude mit Spitzgiebel und Türmchen und einem modernen Anbau das Karmeliterkloster, in dem das Archäologische Museum und das Institut für Stadtgeschichte untergebracht sind.

Von hier aus kann man einen Abstecher zum Karmeliterkloster machen (s. „Seitensprünge").

Hermann-Schlosser-Haus

Auffällig ist noch das klassizistische Gebäude, das von der Baustelle umgeben ist. Es handelt sich um das sogenannte Hermann-Schlosser-Haus, das nach dem Vorstandsvorsitzenden der Degussa benannt ist, nachdem die Degussa AG auf sein Betreiben hin das Haus erworben hat.

Historisches

Hermann-Schlosser-Haus

Im Mittelalter zog sich an der Stelle des jetzigen Untermainkais die Mauer der Frankfurter Stadtbefestigung. Ungefähr ab Höhe des Karmeliterklosters bis hinauf zur Leonhardskirche lag davor der Weinmarkt. Dort verzollten und löschten Schiffe sogar aus Orten wie z.B. Straßburg ihre Ladung. Nach der Entfestigung wurde auch der Untermainkai als Bauland ausgewiesen.

Da im Zweiten Weltkrieg sämtliche Bauakten verbrannten, ist über die Details des Bauens vor 1944 in Frankfurt am Main nur sehr wenig bekannt. Insbesondere betrifft dies die klassizistische Epoche, wie auch bereits bei der Schönen Aussicht, über die im Gegensatz zur älteren Architektur kaum ältere Werke existieren. Hinzu tritt noch das Problem, dass Stadtbaumeister Johann Friedrich Christian Hess, der Architekt des Hermann-Schlosser-Hauses, kaum Aufzeichnungen hinterließ.

Der Überlieferung zufolge erwarb ein Arzt namens Georg Hermann Schilling das spätere Grundstück Untermainkai 4 und ließ hier 1823 nach Plänen von Hess das Wohngebäude mit einer nördlich anschließenden Hofanlage erbauen. Die Hofanlage stieß an die Alte Mainzer Gasse an und wurde im Laufe des 19. Jahrhunderts (1834, 1838 und 1886) mehrfach umgebaut, ist aber durch die Kriegseinwirkungen nicht mehr erhalten. Nur der damals aufgestellte Brunnen existiert noch, ist aber nicht öffentlich zugänglich.

Die 1873 in Frankfurt am Main gegründete Degussa erwarb 1955 auf Initiative ihres Vorstands- und späteren Aufsichtsratsvorsitzenden Hermann Schlosser das Gebäude von der Stadt. Der Gebäudeerwerb war nur eine von zahlreichen baulichen Maßnahmen der Degussa, die in den Jahren 1949–59 den stark kriegszerstörten Komplex wiedererrichtete, und den man auf das gesamte Areal zwischen Weißfrauenstraße, Seckbächer Gasse, Untermainkai und Neue Mainzer Straße ausdehnte.

1957 beauftragte die Degussa den Architekten Balon mit der stilgerechten Restaurierung. 1964/65 führte man auch den westlich angrenzenden Garten nach Plänen von Otto Derreth wieder auf seinen biedermeierlichen Zustand zurück. Als sich Hermann Schlosser, seit 1915 fast ununterbrochen bei der Degussa tätig und von 1939 bis 1959 auch deren Vorstandsvorsitzender, 1965 aus dem aktiven Geschäftsleben zurückzog, wurde das Gebäude am Untermainkai zu seinen Ehren nach ihm benannt.

Seitdem dient das Haus als Rahmen für besondere Feierlichkeiten und Gäste, in dem das Unternehmen schon Nobelpreisträger, Minister- und zwei Bundespräsidenten begrüßen konnte. Bis Januar 2003 befand sich im Keller das Münzkabinett der Degussa, das sich nun als Dauerleihgabe im Historischen Museum der Stadt befindet und in seiner Art nahezu einzigartig ist.

Nach den Zerstörungen des Zweiten Weltkriegs zählt das Hermann-Schlosser-Haus heute zu den wenigen erhaltenen und zudem kaum veränderten klassizistischen Privatbauten der Stadt. Ein besonderer Wert kommt ihm zudem noch insofern zu, als es eindeutig dem Stadtbaumeister Johann Friedrich Christian Hess zugeschrieben werden kann, der das Frankfurter Stadtbild des 19. Jahrhunderts ganz besonders prägte.

Auf Ihrem Weg entlang des Untermainkais kommen Sie nun zur Kirche St. Leonhard.

Heute ist sie eine Filialkirche der Frankfurter Domgemeinde und gleichzeitig Pfarrkirche der englischsprachigen katho-

Kirche St. Leonhard

lischen Gemeinde. In der Weihnachtszeit kann man hier die schönste aller Frankfurter Weihnachtskrippen bewundern, eine Barockkrippe aus Neapel, deren Figuren prächtig in Brokat und Seide gekleidet sind.

Die Frankfurter Künstlerin Franziska Lenz-Gerharz schuf im Jahr 1990 eine lebensgroße Figurengruppe, die drei Wanderer mit der Jakobsmuschel darstellt. Die Gruppe wurde 2010 vor der Kirche aufgestellt. Die Jakobsmuschel macht die Wanderer als Jakobspilger kenntlich. Auch dies ist ein Hinweis darauf, dass St. Leonhard eine Station auf dem Jakobsweg war.

In der neuesten Zeit hat die Leonhardskirche für besondere Schlagzeilen gesorgt, als bei den Grabungen im Inneren der Kirche für die neue Fußbodenheizung das Bodenniveau von 1219 erreicht wurde und dabei zwei gotische Figuren und ein Außenfresko gefunden wurden, die vermutlich in den Jahren zwischen 1434 und 1450 entstanden waren. Außerdem kamen etwa 30 Skelette von Stiftern und Seelsorgern der Kirche sowie 18 Grabplatten zum Vorschein. Zu den ausgegrabenen Kostbarkeiten gehören außerdem ein Atzmann (ein steinerner Pultträger in Gestalt eines Menschen) und Terrakottafiguren. Voraussichtlich im Jahr 2016 sollen die Arbeiten abgeschlossen und dann auch die neu gefundenen Schätze zu sehen sein.

Historisches

Die Kirche St. Leonhard

Sie wurde 1219 von Kaiser Friedrich II. gestiftet und als spätromanische Basilika errichtet. Später erfuhr sie einen Umbau im gotischen Stil. Im Zweiten Weltkrieg blieb sie weitgehend von Zerstörungen verschont.

Für die Stadt Frankfurt hat diese Kirche eine besondere Bedeutung. Nach dem Frankfurter Dom ist sie die zweite Stiftskirche der Stadt. Am 15. August 1219 wurde in der Stiftungsurkunde des Stauferkönigs Friedrichs II. der Stadt Frankfurt das Grundstück überschrieben. In der Stiftungsurkunde wurde auch die Stadtgemeinde erstmals in ihrer Gesamtheit genannt und unter kaiserlichen Schutz gestellt. Außerdem erhielten die Bürger das Recht, ihren Priester selbst bestimmen zu können. Das war damals eine große Seltenheit, denn die Ernennung war das Privileg des Landesherren, also bei der reichsunmittelbaren Stadt Frankfurt wäre dies der Kaiser selbst, gewesen.

Leonhardstor 1646, Matthäus Merian der Ältere

In den Jahren 1388–91 wurde an der Südwestecke der Leonhardskirche als Bestandteil und Verstärkung der Verteidigungsanlagen das Leonhardstor mit einem besonders stabilen Wehrturm erbaut. Allerdings gab es gegen den Bau dieses Turmes zunächst heftigsten Widerstand, nicht nur durch die Stiftsherren selbst, sondern auch durch den Mainzer Erzbischof, zu dessen Diözese Frankfurt gehörte. Dieser war überaus einflussreich, denn er war nach dem Papst der zweithöchste Kirchenfürst der Christenheit und obendrein politisch ebenso wichtig, weil er als Reichskanzler der zweite Mann nach dem Kaiser im Heiligen Römischen Reich Deutscher Nation war. Er drohte sogar mit einem Interdikt, also einer der härtesten Kirchenstrafen, die alle Frankfurter Bürger getroffen hätte. Die Stiftsherren gaben aber bald ihren Widerstand auf, denn sie konnten dort ihre Schätze wie Kirchengefäße, liturgische Gewänder, Urkunden und kostbare Bücher verwahren. Auch die Stadt Frankfurt nutzte den Turm zur Aufbewahrung ihrer wichtigsten Urkunden, die schriftlichen Bestätigungen ihrer Privilegien.

Über das Mittelalter hinaus hatte die Leonhardskirche eine weitere wichtige Funktion als Pilgerkirche und Station auf zwei bedeutenden Wallfahrtswegen. Der eine Pilgerweg führte zur Zeit der Kreuzzüge, also in der Zeit, in der die Kirche errichtet wurde, nach Jerusalem. Der zweite Pilgerweg war nicht weniger wichtig: es ist der Jakobsweg nach Santiago de Compostela in Spanien. Das Tympanon des Pilgertores aus dem Jahr 1220 zeigt daher Pilger auf ihrem Weg. Dass es sich um Jakobspilger handelt, sieht man an den Pilgergewändern und der Jakobsmuschel, die ein Abzeichen für die Jakobspilger sind. Die hohe Bedeutung der Pilgerkirche St. Leonhard erschließt sich auch daraus, dass 12 meist italienische Bischöfe im Jahr 1297 einen vierzigtägigen Ablass für den Besuch der Kirche an bestimmten Feiertagen und Geldspenden für die Kirche stifteten.

Als im Jahr 2012 das Innere der Leonhardskirche restauriert werden sollte, veranlassten die Denkmalschützer eine „gesetzliche Voruntersuchung zur Klärung der Baugeschichte“. Sie waren der Meinung, dass das ganze Gebäude „zu breit und zu wenig elegant“ aussah. Deshalb wurde der gesamte Boden der Kirche entfernt und eine Schicht nach der anderen bis in eine Tiefe von 2,70 m abgegraben, bis man zu den eigentlichen Fundamenten der Kirche gelangte. Die Experten stellten fest, dass die Kirche eine gotische Decke, aber einen romanischen Boden besaß.

In all den Jahrzehnten hat sich St. Leonhard als spätgotische Hallenkirche mit fünf Kirchenschiffen gezeigt. In ihrem Inneren erwies sie sich allerdings als romanische dreischiffige Basilika aus dem Jahr 1220. Kunstvoll bearbeitete romanische Säulenfüße, die aber keinen Schaft mehr besitzen, verwitterte Wandmalereien und Spruchbänder in Latein, die noch entziffert werden können, wurden ebenso sichtbar wie der erstmals zugängliche „Brommen-Chor“, eine Kapelle, die von der gleichnamigen Familie gestiftet worden war, in dem eine eingemauerte Madonna und ein Engel ohne Kopf gefunden wurden.

70 Gräber von privilegierten Bürgern wurden gefunden, denn nur diese hatten das Recht, sich in der Kirche bestatten zu lassen.

Die romanischen Mauern werden aber wieder zugeschüttet und die gewonnenen Erkenntnisse schriftlich und fotografisch festgehalten. Die Kirche wird man aber auf dem Niveau des 16. Jahrhunderts betreten, und das befindet sich immer noch 40 Zentimeter unter dem Fußbodenniveau aus der Zeit vor den archäologischen Arbeiten. 2016 soll die Restaurierung abgeschlossen sein.

Letzte Station auf dem Rundgang ist der Eiserne Steg. Zwar hat er nichts mit den mittelalterlichen Stadtbefestigungen zu tun. Aber er steht immerhin in unmittelbarer Verbindung mit der Altstadt und ist auf jeden Fall als eines der markantesten Wahrzeichen Frankfurts einer besonderen Erwähnung wert.

Erinnern Sie sich an die Geschichte mit dem Magdalenenhochwasser? An der Wand links neben dem Lift sehen Sie einige Hochwassermarken. Haben Sie die von 1342 schon gefunden? Man kann sich kaum vorstellen, in welcher Höhe das Wasser in der Stadt stand.

Eiserner Steg

Historisches

Bis zur Errichtung des Eisernen Stegs gab es nur eine einzige Brücke, nämlich die Alte Brücke. Diese war wegen der vielen Kutschenfahrten zu den Bahnhöfen, durch die Steinfuhren und die immer zahlreicheren Bierfuhren völlig überlastet. Deshalb hatte die Bevölkerung zahlreiche Eingaben beim Magistrat gemacht. Allerdings war der Bau einer weiteren Brücke dem Magistrat zu teuer, und er lehnte den Bau ab.

Die zusätzlichen Steinfuhren aus dem Odenwald wurden für den Bau des Frankfurter Westends benötigt, mit dessen Erschließung in der zweiten Hälfte des 19. Jahrhunderts begonnen wurde. Das zweite Argument der Bierfuhren war auch logisch: Durch das enorme Bevölkerungswachstum in Frankfurt stieg auch in gleichem Umfang der Bierkonsum an, und damit auch das Verkehrsaufkommen auf der Alten Brücke. Eine andere Möglichkeit, die Bierfuhren über den Main zu transportieren, gab es nicht, denn andere Brücken waren zu dieser Zeit noch nicht errichtet: Die Untermainbrücke wurde erst 1874 fertiggestellt, die Obermainbrücke 1878.

Nun ist es ja in Frankfurt üblich, dass man Selbsthilfe betreibt, wenn die Stadt kein Geld hat und das Projekt nur wichtig genug ist. So gründeten Frankfurter Händler am 30. Juni 1867 die Initiative „Gesellschaft zur Erbauung einer eisernen Brücke", die bald darauf nur noch unter dem Namen „Eiserner Steg" bekannt wurde. Eine Privatgesellschaft verkaufte Anteilsscheine im Wert von 100 Gulden, die mit 5% verzinst wurden. Nach der vollständigen Tilgung der Baukosten von geschätzten 120.000 Gulden sollte die Brücke der Stadt kostenlos übereignet werden.

Nachdem also die Finanzen auf diese Weise sichergestellt waren, wurde das Projekt durch die Stadtverordneten verabschiedet. 1868 begann der Bau nach den Plänen des Ingenieurs Peter Schmick. Er dauerte etwa ein Jahr, in dem ungefähr 500 Tonnen Stahl verbaut wurden. Die Bauarbeiten wurden von den Frankfurtern kritisch verfolgt, und viele machten es sich zur Gewohnheit, sonntags einen Spaziergang an den Main zu machen, um den Baufortschritt in Augenschein zu nehmen. Die Einweihung fand am 29. September 1869 statt, und jeder, der danach auf dem Eisernen Steg den Main überquerte, zahlte einen Kreuzer als Maut.

In den Jahren 1874 und 1878 baute Peter Schmick noch die Untermainbrücke und die Obermainbrücke, woraufhin sich der Spruch im Volksmund etablierte: „Kaa Brick ohne Schmick". An ihn erinnern auch heute noch eine Brücke und eine Straße im Frankfurter Osthafen. Für die Konstruktion des Eisernen Steges als erstes Modell einer versteiften Hängebrücke erhielt Schmick auf der Weltausstellung 1873 in Wien einen Fortschrittspreis.

Nach dem Ausbau des Osthafens und als der Main nun auch flussaufwärts für größere Kähne schiffbar wurde, gab es allerdings das Problem, dass die geringe Durchfahrtshöhe des Eisernen Stegs zum Verkehrshindernis wurde. 1910 blieb der Kohlentransporter „Walhalla“ auf dem Weg nach Mainz an der Stahlkonstruktion hängen. Das machte das Abmontieren von Masten und Steuerrad notwendig. Daraufhin entschloss man sich zu einem Umbau der Brücke. Die Erhöhung der Steinpfeiler kostete etwa 300.000 Goldmark. 1912 waren die Umbauten vollendet.

In den letzten Tagen des Zweiten Weltkrieges wurde auch der Eiserne Steg, wie viele weitere Brücken, von der Wehrmacht gesprengt. Nach dem Krieg war der Eiserne Steg eine der ersten Brücken, die wieder aufgebaut wurden. Die Wiedererrichtung im Jahr 1946 kostete 220.000 Reichsmark. Etwa 10.000 Menschen überquerten täglich den Fluss über diese Brücke.

Im Jahr 1993 wurde ein alter Frankfurter Witz Wirklichkeit: „Sagt ein Frankfurter zum anderen: Haste schon gehört, der Eiserne Steg wird abgerisse. Wieso des dann? Ei, de Holzwurm is drin.“ Natürlich war es nicht der Holzwurm, aber der Eisenfraß hatte die Nieten korrodiert. Bei den Sanierungsarbeiten erhielt die komplette Stahlkonstruktion einen Korrosionsschutz, die Gehbahn wurde erneuert, die Bastionen neu erbaut, und die Brücke bekam ein neues Geländer und Beleuchtung. Auch Aufzüge wurden eingebaut und machen den Eisernen Steg nun auch barrierefrei. Knapp ein Jahr dauerten die Renovierungsmaßnahmen an. Damit den Frankfurtern in dieser Zeit ein Fußgängerüberweg zur Verfügung stand, baute die Stadt eine zweite Fußgängerbrücke, den Holbeinsteg. Die Kosten für die Renovierung betrugen über 16 Millionen DM. Und die schönen Geländer dienen heute den Liebespaaren zum Befestigen der Liebes-Vorhängeschlösser.

Ein Relikt des Museumsuferfestes 2001, als Griechenland Gastland der Buchmesse war, ist heute noch sichtbar: Zwischen den Pfeilern der Brücke ist ein Zitat aus Homers Odyssee angebracht, das der Künstler Hagen Bonifer anlässlich des

Goethejahres 1999 geschaffen hatte. Es lautet: „Auf weinfarbenem Meer segelnd zu anderen Menschen“. Dieses Zitat symbolisiert den im 19. Jahrhundert in der Bevölkerung verbreiteten Wunsch nach einer Verbindung für Fußgänger zwischen Sachsenhausen und der Innenstadt. So schrieb ein Bürger in einem Leserbrief aus dem Jahr 1835 in der Zeitung „Didaskalia“: Eine Fußgängerbrücke „...würde die Kommunikation mit dem linken Mainufer wesentlich erleichtern“.

Zitat über dem Eisernen Steg

Wie auch das Nizza war der Eiserne Steg künstlerisches Motiv für Max Beckmann und Ernst Ludwig Kirchner.

Der Wahlfrankfurter Ernst-Jürgen Dreyer hat mit seinem Drama „Der Eiserne Steg“ 1987 dieser Brücke ein Denkmal gesetzt. Und in dem Film „What a Man“ ist Teil des Soundtracks der Song „Eiserner Steg“ von Philipp Poisel.

Gratulation! Sie haben es geschafft, der Rundgang ist beendet und mit ein paar Schritten durch das Fahrtor sind Sie wieder am Ausgangspunkt angelangt.

„Seitensprünge“

Gedenkstätte Neuer Börneplatz und der mittelalterliche jüdische Friedhof

Börneplatz
1885-1935
Judenn
16. Jhd

„Seitensprünge"

Gedenkstätte Neuer Börneplatz und der mittelalterliche jüdische Friedhof

Ein Abstecher von der Schönen Aussicht durch die Mainstraße bringt Sie zu der Gedenkstätte Neuer Börneplatz. Die vollständige Bezeichnung lautet etwas umständlich, aber wesentlich treffender: „Gedenkstätte am Neuen Börneplatz für die von Nationalsozialisten vernichtete dritte jüdische Gemeinde in Frankfurt am Main". Sie wurde am 16. Juni 1996 als Mahnmal zur Erinnerung an Antisemitismus, Vertreibung, Enteignung, Zerstörung, Verfolgung, Misshandlung, Deportation und Ermordung, insbesondere im Dritten Reich, eingeweiht. Ihr Bezug zur Frankfurter Judengasse erinnert jedoch auch an Diskriminierung und die von der Stadt betriebene Ghettoisierung der Frankfurter Juden ab 1462.

Speziell als Teil der Gedenkstätte ist der Neue Börneplatz angelegt worden. Er ist nicht mit dem ehemaligen Börneplatz, dem früheren Judenmarkt, identisch, dessen größte Fläche weiter südwestlich lag und heute von der Kurt-Schumacher-Straße überbaut ist. Stattdessen repräsentiert der Neue Börneplatz teilweise das nordöstliche Eck des historischen Börneplatzes bzw. des Judenmarktes.

Gedenkstätte Neuer Börneplatz

1462 waren die Frankfurter Juden vom Rat der Stadt gezwungen worden, ihr Siedlungsgebiet südlich des Doms aufzugeben. Den Graben entlang der Staufenmauer, den Wollgraben, hatte man zugeschüttet und als Gelände für das Ghetto bewusst in der Nähe des Friedhofs ausgewiesen.

Nördlich des Neuen Börneplatzes sehen Sie die Mauer des jüdischen Friedhofs. Er wurde bereits im Mittelalter angelegt und ist der älteste jüdische Friedhof in Frankfurt. Nach Worms ist er der zweitälteste in Deutschland. Der früheste Grabstein datiert aus dem Jahr 1272. Der Friedhof diente bis zum 16. Jahrhundert auch den jüdischen Gemeinden aus der Umgebung als Begräbnisplatz. Bei seiner Anlage im 13. Jahrhundert befand er sich noch außerhalb der Stadtmauern. Erst bei der Stadterweiterung 1333 wurde er in das Stadtgebiet einbezogen. Der Friedhof wurde bis 1828 genutzt. Das ca. 12.000 qm große Areal enthielt bis zu Beginn der 19. Jahrhunderts etwa 6.500 Grabsteine, meist aus rotem Sandstein gefertigt. Die älteren Grabsteine sind meistens klein und schmucklos, während die jüngeren Grabsteine die Hauszeichen der Verstorbenen aufweisen. Diese Hauszeichen sind zugleich auch die Familiennamen, wie z.B. die Familie Rothschild, die im Haus Roter Schild wohnte.

Alter Jüdischer Friedhof

Eine der bekanntesten Persönlichkeiten, die hier beerdigt wurden, ist ganz sicher Mayer Amschel Rothschild, der Begründer der legendären Bankdynastie, die heute noch besteht. Sein Grab stammt aus dem Jahr 1812.

1943/1944 wurde während der Bombenangriffe auf Frankfurt der größte Teil des Friedhofs zerstört, nur der östliche Teil ist weitgehend erhalten geblieben.

An der Mauer der Stadtwerke ist eine Gedenktafel angebracht, die an den Standort der Börneplatz-Synagoge erinnert, die in der Pogromnacht vom 9./10. November 1938 zerstört worden war.

Mauer mit Gedenksteinen

Die Friedhofsmauer selbst ist seit 1996 zu einer Gedenkstätte umgestaltet worden. Sie erinnert an die 12.000 Frankfurter Juden, die deportiert und ermordet worden waren. Auch Anne Frank, die ja aus Frankfurt stammte, hat einen Gedenkstein in der Mauer an der Battonnstraße.

Wenn Sie den Friedhof besuchen wollen, müssen Sie in die Kurt-Schumacher-Straße 10, zur Verwaltung des Museums Judengasse gehen. Der Schlüssel wird Ihnen gegen Hinterlassung des Personalausweises ausgehändigt.

Im Gebäude der Stadtwerke Frankfurt befindet sich eine Nebenstelle des Jüdischen Museums, das Museum Judengasse. Mit ihm wurden die Freilegungen einer Mikwe – einem jüdischen Kultbad – und einiger Wohnhäuser der Judengasse gleichzeitig überbaut und bewahrt und sichtbar gemacht. Ein Besuch dort lohnt sich auf jeden Fall.

Außerdem wurde dort eine Datenbank angelegt, die mittlerweile die Biografien und Fotos von rund 12.600 Frankfurter Juden enthält, die während des Holocaust ermordet worden waren. Die Gesamtzahl der Ermordeten war jedoch noch wesentlich höher.

Gedenkstein für Anne Frank an der Friedhofsmauer

„Seitensprünge“

Bethmannpark und Garten des Himmlischen Friedens

„Seitensprünge"

Bethmannpark und Garten des Himmlischen Friedens

Der Park enthält eine stattliche Anzahl alter Bäume. Im Laufe der Jahrhunderte erfuhr er mehrere Umgestaltungen jeweils nach der neuesten Mode: Rokoko, Englischer Garten, Historismus.

1941 wurde er von der Stadt Frankfurt erworben und 1953 zu einem Schau- und Lehrgarten umgestaltet – als „prakti-

Rosengarten im Bethmannpark

scher Ratgeber“ für Blumen- und Pflanzenfreunde, in denen der „Blumendoktor“ an festen Tagen „Sprechstunde“ hält, über Pflanzenkrankheiten und Baumschädlinge informiert und Tipps zur Pflege oder Schädlingsbekämpfung von Zimmer- und Gartenpflanzen sowie Anleitung zur Anpflanzung und Pflege von Bäumen gibt.

Seit 1976 steht der Bethmannpark unter Denkmalschutz. Der Park ist ganzjährig bis zum Einbruch der Dunkelheit geöffnet. Im südwestlichen Teil entstand 1989 ein Chinesischer Garten.

Historisches

Johann Philipp Bethmann, der Vater von Simon Moritz, erwarb 1783 einen Garten „vor dem Tore“, dem Friedberger Tor, das damals noch Bestandteil der damaligen Frankfurter Stadtbefestigung war, und legte darin ein Gartenhaus im Rokokostil an. Es wurde gesellschaftlicher Mittelpunkt Frankfurts. Die Familie Bethmann konnte eine ganze Reihe berühmter Besucher darin begrüßen: 1803 König Friedrich Wilhelm III. von Preußen, 1813 Kaiser Napoleon Bonaparte, 1815 Johann Wolfgang von Goethe oder 1863 Kaiser Franz Joseph von Österreich-Ungarn, der zum Fürstentag nach Frankfurt gekommen war.

Simon Moritz von Bethmann erwarb sich die besondere Hochachtung des Senats, als er 1803 die Stadt in Regensburg vertrat. Bei den dortigen Verhandlungen des Reichsdeputationshauptschlusses erreichte er, dass die Vermögen der säkularisierten Klöster und Kirchen Frankfurts dem Frankfurter Fiskus übergeben wurden. Zu dem beliebtesten Bürger Frankfurts wurde er allerdings am 31.10.1813: An diesem Tag logierte der nach der Völkerschlacht bei

Leipzig geschlagene Kaiser Napoleon in der Bethmannschen Villa. Die Stadt erwartete den Durchzug der zurückflutenden französischen Truppen. Brandschatzungen und Plünderungen waren nach wüsten Drohungen des Kaisers zu befürchten. Bethmann bat den Kaiser um Schonung und verwies auf die großzügige Hilfe, die Frankfurt zuvor bei der Aufnahme und Pflege verwundeter französischer Soldaten geleistet hatte. Das stimmte den Kaiser um.

Bethmanns Frau Luise Friederike führte einen weithin bekannten und berühmten Salon, der von Alexander von Humboldt, Zar Alexander, Blücher und Madame de Staël, später auch Bismarck und dem preußischen Kronprinz besucht wurde. Bei dem Besuch von Madame de Staël kam es auch zu der Begegnung mit Goethes Mutter.

Von dem prachtvollen Anwesen sind nur noch die Remisen und der Dienerschaftsbau erhalten, die Ihnen einen kleinen Abglanz der barocken Pracht des Ganzen geben können. In diesen Gebäuden lebte bis zu seinem Tod im Jahr 1966 Baron Simon Moritz Bethmann. Dort war er eingezogen, nachdem im Oktober 1943 nach einem Bombenangriff die Bethmann-Villa zerstört worden war.

Der Garten des Himmlischen Friedens

Mit dessen Planung hatte die Stadt Frankfurt 1985 begonnen. Es sollte ein Garten nach dem Vorbild der Shuikou-Gärten aus Huizhu werden und einen asiatisch-philosophischen klei-

Blick aus einem Pavillon auf den Bethmann-Weiher in der Friedberger Anlage

nen Kosmos darstellen: In den kunstvollen Arrangements werden die vier Elemente, Seelen- und Gemütszustände, die Einheit von Ich und Welt symbolisiert.

Die Gebäude sind nach dem Vorbild einfacher Landhäuser aus der Provinz Anhui erbaut worden. In 27 Containern wurden Baumaterialien auf dem Seeweg aus China herbeigeschafft; die Errichtung erfolgte durch 16 eigens angereiste chinesische Facharbeiter. Zwei Pavillons mit den typischen geschwungenen Dächern und Reliefschnitzereien sind von Wasser umgeben, kleine Brücken mit steinernen Balustraden, geschmückt mit den Reliefs von Drachen, Schildkröten, Karpfen führen zu den Pavillons und durch den Garten.

Nach vier Jahren Bauzeit und einer Gesamtinvestition von 3,2 Mio. DM wurde der Park am 7. Oktober 1989 als Frühlingsblumengarten eröffnet. Schon wenige Wochen darauf erhielt er im Gedenken an das Tian'anmen-Massaker vom 4. Juni 1989 seinen heutigen Namen Garten des Himmlischen Friedens.

Chinesischer Garten

Brücke

Seitentor im Chinesischen Garten

„Seitensprünge“

Peterskirchhof

„Seitensprünge"

Peterskirchhof

Ein kleiner Abstecher von der Eschenheimer Anlage durch die Petersstraße nach rechts in die Bleichstraße führt Sie auf den Peterskirchhof.

Friedhofsmauer am Peterskirchhof

Er wurde im Jahr 1508 eingerichtet, als der Rat der Stadt die Aufhebung des alten Domkirchhofs durchgesetzt hatte – gegen den Widerstand des Stiftskapitels von St. Bartholomäus. 1519 wurde den Totengräbern der Stadt befohlen, auf der Frankfurter Seite des Mains nur noch auf dem Peterskirchhof Gräber auszuheben, und 1530 wurden auch keine Beerdigungen in den Kirchen gestattet.

Nach der Einführung der Reformation in Frankfurt wurden alle protestantischen Toten der Alt- und Neustadt auf dem Peterskirchhof bestattet. Katholiken, das waren weniger als 100 Personen, die sich im Wesentlichen aus den Angehörigen der drei Stiftskirchen und der Klöster rekrutierten, wurden auf dem alten Domfriedhof oder den Begräbnisstätten in den Kirchen bestattet. Die Juden hatten ihren eigenen Friedhof an der Judengasse.

In der Folgezeit musste der Peterskirchhof mehrmals erweitert werden. Besonders während der Pestjahre 1634–1636 gab es nicht mehr genügend Platz. Die vielen Pesttoten waren nur dadurch zu erklären, dass viele Menschen aus dem Umland während des Dreißigjährigen Krieges in die Stadt geflüchtet waren, denn seit dem Mittelalter hatte Frankfurt nur etwa 10.000 bis 13.000 Einwohner. Die Zahl der Pesttoten war aber gemessen daran viel höher: 1634 starben 3.512 Menschen in Frankfurt, 1635 waren es 3.421 und 1636 sogar 6.943. Das Pestilenzhaus befand sich auf dem Klapperfeld, östlich der Peterskirche und war ein Bedarfs-Quarantäne-Spital für an Seuchen Erkrankte. Das Klapperfeld hat seinen Namen von den Rasseln, mit denen die Pestkranken im Mittelalter andere Menschen vor sich warnen mussten. Das Pestilenzhaus war 1512–1516 erbaut worden, als Ergänzung und Erweiterung des Hauses „Kleiner Römer“, das auch auf dem Klapperfeld stand. Die Peterskirche war ebenfalls zuständig für die geistliche Versorgung der Pestkranken, also auch für die Bestattungen der Pesttoten. Bis 1679 war das ganze Areal für Pflege-

Grabmal der Familie Textor und Goethes Mutter

und Quarantänezwecken genutzt worden und wurde in der Zwischenzeit mehrfach umgebaut und erweitert.

Bei der nochmaligen Erweiterung 1746 reichte der Friedhof bis an die Stadtmauer heran. Aber der Platz war immer noch zu klein und reichte nicht aus, so dass viele Gräber mehrfach benutzt werden mussten. Ab 1811 wurde die Situation noch schlimmer, weil mittlerweile die Zahl der Katholiken durch italienische Zuwanderer angestiegen war und die ebenfalls auf dem Peterskirchhof beigesetzt werden mussten. Das führte zu schlimmen hygienischen Verhältnissen, so dass beschlossen wurde, den Friedhof zu schließen. Am 30. Juni 1828 fand die letzte Beisetzung auf dem Peterskirchhof statt. Die letzte dort bestattete Tote war die Bürgerstochter Elisabeth Mauer. Am 1. Juli 1828 wurde der neue Hauptfriedhof vor den Toren der Stadt in Betrieb genommen. Auch der Hauptfriedhof ist von Sebastian Rinz geplant worden.

Eigentlich sollte der aufgelassene Peterskirchhof eine Ruhefrist von 100 Jahren genießen. Aber nachdem die Preußen Frankfurt annektiert hatten, wurde das Gelände mehr und mehr durch Neubauten beschnitten. Die Straßendurchbrüche der Stephan- und der Bleichstraße, der Bau der neuen Peterskirche und der Liebfrauenschule dezimierten das Gelände. Auch im Zweiten Weltkrieg erlitt der Peterskirchhof enorme Schäden. In dieser Zeit wurde auch die spätgotische Kreuzigungsgruppe,

AIDS-Memorial

von Hans Backoffen 1511 geschaffen, schwer beschädigt. 1974 wurde für den Bau der Diamantenbörse der Teil des Friedhofes auf der Südseite der Stefanstraße überbaut. Insgesamt wurden durch Bebauung zwei Drittel der ursprünglichen Fläche zerstört. Seit den 1970er Jahren war die verbliebene Fläche stark verwahrlost und Treffpunkt einer Drogenszene. In einem Winkel in der Stützmauer der Peterskirche wurde seit 1994 das Frankfurter AIDS-Memorial errichtet.

1999, dem Goethejahr, begann ein Restaurierungsprojekt, in dem die verbliebenen Grabmäler gesichert und der Friedhof nach und nach zu einem Freiluftmuseum gestaltet wurde.

Prominente Tote, die auf dem Peterskirchhof bestattet wurden, sind u.a.

der Buchdrucker Christian Egenolff (1555),
der Kupferstecher Matthäus Merian der Jüngere (1687),
der Patrizier und Bürgermeister Johann Hieronymus von Glauburg,
der Philantrop Johann Friedrich Städel (1816),
Goethes Eltern Johann Caspar Goethe (1782) und Catharina Elisabeth Goethe (1808),
der Bankier Simon Moritz von Bethmann (1826).

„Seitensprünge“

Rothschildpark

„Seitensprünge"

Rothschildpark

Wenn Sie an der Alten Oper den Reuterweg überqueren und am OpernTurm vorbeigehen, gelangen Sie in den Rothschildpark.

Die Bankiersfamilie Rothschild baute sich an dieser Stelle ein Palais und ließ einen Park anlegen.

Amschel Mayer Rothschild, dessen Familie nach der Aufhebung des Frankfurter Judenghettos im 19. Jahrhundert aus der Judengasse ausgezogen war, erwarb im Jahr 1810 (nach anderen Quellen im Jahr 1816) ein Landhaus mit Grundstück an der Bockenheimer Landstraße, die zu dieser Zeit Bockenheimer Chaussee genannt wurde. Zu Anfang des 19. Jahrhunderts entwickelte sich dort eine neue Gartenvorstadt – das spätere Westend – unmittelbar vor dem damaligen Bockenheimer Tor und den erst ein Jahr zuvor eingerichteten Frankfurter Wallanlagen. Für reiche Frankfurter Familien

Hochhauskulisse vom Rothschildpark aus gesehen

Neugotischer Turm

war dies somit eine besonders begünstigte Lage, um sich neue Wohnsitze zu errichten.

Ab dem Jahr 1830 ließ die Familie Rothschild das bereits bestehende Haus durch den Frankfurter Architekten Friedrich Rumpf zu einem Palais in klassizistischem Stil ausbauen. Auch der Umbau des Grundstücks zu einer Parkanlage im Stil eines Englischen Landschaftsgartens wird Friedrich Rumpf zugeschrieben. Dieser Umbau fand ab dem Jahr 1832 statt. Die langgestreckte Form des Grundstücks bereitete einige

Grüne Oase Rothschildpark

Schwierigkeiten bei der optischen Vergrößerung der Anlage. Bis heute ist der neugotische Turm erhalten, der keinerlei weitere Funktion hat – er steht einfach nur da und dient der romantischen Verzierung des Parks. Außerdem wurden ein Gewächshaus und eine Orangerie erbaut sowie im Nordteil des Parks ein Weiher angelegt, die jedoch alle nicht erhalten geblieben sind. In den Jahren 1869/1870 erweiterte Wilhelm Carl von Rothschild den Grundbesitz vor Ort durch Neuerwerbungen und ließ das Palais zum Landschloss ausbauen. Im Jahr 1891 wurde das Palais ein weiteres Mal umgebaut und auch der Park umgestaltet.

Im Zweiten Weltkrieg wurde die Anlage schwer beschädigt. Das Rothschild-Palais wurde 1943 bei einem Fliegerangriff auf Frankfurt zerstört, im darauf folgenden Jahr brannte die Orangerie durch Kriegseinwirkungen nieder. Seit 1950 gehört das Grundstück der Stadt Frankfurt, die es im folgenden Jahrzehnt zugunsten neuer Baugrundstücke verkleinerte. Am Nordrand des Parks wurden auf dessen Gelände das Amerika-Haus und eine Kindertagesstätte errichtet.

Ring der Statuen

1954 wurde im Park die Statuengruppe „Ring der Statuen“ des Bildhauers Georg Kolbe aufgestellt. Die sieben überlebensgroßen Bronzefiguren stellen nackte Menschen dar und bilden einen Ring. Sie werden von jeweils zwei dunklen Marmorstelen flankiert. Die Figuren heißen Junges Weib, Hüterin, Auserwählte, Amazone, Herabschreitender, Stehender Jüngling und Sinnender. An der Figur des Sinnenden arbeitete Kolbe bis zu seinem Tod, anschließend wurde das Werk von Richard Scheibe vollendet.

Details aus dem Ring der Statuen

„Seitensprünge"

Karmeliterkloster

„Seitensprünge"

Karmeliterkloster

Etwas abseits von Ihrem Weg liegt das Karmeliterkloster, in dem das Archäologische Museum und das Institut für Stadtgeschichte untergebracht sind. Wenn Sie nach dem Gang durch das Nizza die Treppe der Untermainbrücke zum Untermainkai emporsteigen, überqueren Sie die Straße Untermainkai und gehen an der jetzigen Baustelle der Degussa entlang bis zur Weißfrauenstraße und wenden sich dann nach rechts. Nach ein paar Metern sehen Sie das Karmeliterkloster auf der rechten Seite. Der Kreuzgang ist frei zugänglich, für das Archäologische Museum, das in der Kirche untergebracht ist, müssen Sie Eintritt bezahlen. Außerdem befindet sich im Karmeliterkloster das Institut für Stadtgeschichte. Es verwahrt das Schriftgut der städtischen Verwaltung und sammelt alle für die Geschichte der Stadt bedeutsamen Dokumentationsmaterialien. Es gehört mit seiner bis in das frühe Mittelalter zurückreichenden Überlieferung zu den bedeutendsten deutschen Kommunalarchiven. Seine Bestände übertreffen an Umfang und kultureller Bedeutung noch immer die Archive fast aller vergleichbaren Städte. Für seine wertvollen Privilegien und Urkunden wurde dem Stadtarchiv 1969 an der West-

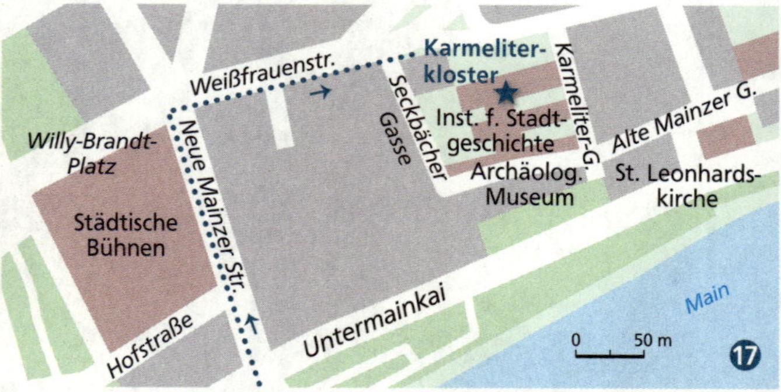

seite des Kreuzgangs eine Privilegienkammer eingerichtet, in der seitdem die Schätze des Archivs verwahrt werden, u.a. die Goldene Bulle, mit der Kaiser Karl IV. im Jahr 1356 die Regularien zur Königswahl und -krönung festgelegt hatte und Frankfurt zum Ort der Königswahlen bestimmt hatte. Es war deshalb ein besonderes Ereignis, als die Goldene Bulle im Dezember 2014 den Status als Unesco Kulturerbe erhielt.

Ein Besuch des Archäologischen Museums lohnt sich auf jeden Fall, um zu erfahren, was sich in den Zeiten vor der Stadtgründung auf Frankfurter Boden zugetragen hat. Kelten- und Römerfunde sind ebenso ausgestellt wie Artefakte aus der Stein- und Bronzezeit. Außerdem sollten Sie nicht versäumen, im Kreuzgang und im Refektorium die Fresken von Jörg Ratgeb ausgiebig zu bewundern.

Kreuzgang

Für das Karmeliterkloster schuf er in den Jahren 1514 bis 1521 die größte Wandmalerei nördlich der Alpen. Leider ist nur noch ein geringer Teil davon als Rekonstruktion erhalten. Die Bilder im Kreuzgang und im Refektorium stellen die Heilsgeschichte und die Ordensgeschichte dar und zählen zu den bedeutendsten vorbarocken Wandmalereien. Das Institut für Stadtgeschichte hat eine Dauerpräsentation entwickelt, in denen die noch vorhandenen Bilder erklärt werden.

Das gesamte Bildprogramm im Refektorium und im Kreuzgang sowie die Geschichte des

Fresko-Ausschnitt aus dem Kreuzgang

Karmeliterklosters werden auf insgesamt 21 Informationspulten und mehreren Tafeln dargestellt.

Historisches

Das Karmeliterkloster

1246 gründeten Karmeliter aus Köln eine Niederlassung in Frankfurt. Das Kloster zog rasch Stiftungen Frankfurter Patrizier an sich, die sich in fünf sogenannten Bruderschaften zusammenschlossen. Mit ihrer Hilfe konnte die Klosterkirche St. Maria gebaut werden. Das Kloster war einer der größten Baukomplexe in der Frankfurter Altstadt. Bis 1270 entstand zunächst das Langhaus, das bis 1290 durch einen Chor erweitert wurde. Ab 1300 entstand das Querhaus. Südwestlich des Chores lag der erste Kreuzgang des Klosters zwischen der schmalen Ankergasse und der Mainzer Gasse.

Ab 1424 wurde die Kirche im spätgotischen Stil ausgebaut, vermutlich unter Leitung von Madern Gerthener.

1460 bis 1520 wurden die Räumlichkeiten des Klosters nördlich der Kirche an der Münzgasse erneuert: Es entstanden ein neuer Kreuzgang, das Dormitorium (der Schlafsaal), der Kapitelsaal und das Refektorium (der Speisesaal). Im Refektorium und im Kreuzgang schuf Jörg Ratgeb von 1513 bis 1519 das größte Fresko nördlich der Alpen. Das Kloster erlebte damals seine Blütezeit, u.a. durch die Stiftungen von Claus Stalburg dem Reichen. Er wurde 1524 in der Kirche beigesetzt.

Nach der Reformation blieb das Kloster eine katholische Enklave in der lutherisch gewordenen Stadt. 1803 wurde es säkularisiert. Seine umfangreichen Besitztümer fielen an die Stadt als Ersatz für die verlorenen Rechte an den Dörfern Sulzbach und Soden, die an Nassau-Usingen gefallen waren.

1838 hatte Stadtbaumeister Johann Friedrich Christian Hess südlich des Klosters zwischen Mainzer Gasse und Mainkai ein neues Zollgebäude errichtet. Daher diente die aufgelassene Kirche zunächst als Warenlager für Güter, vor allem Kaffee und Tabak, die unter Zollverschluss lagen.

Von 1866 bis zum Bau der Gutleutkaserne 1877 war das Kloster Sitz der Kaserne des Infanterieregiments Nr. 81, der damaligen Frankfurter Garnison. In der schmalen Ankergasse, die am Kloster entlangführte, siedelten sich nach 1870 mit stillschweigender Duldung der Behörden zahlreiche Bordelle an. Die erste Feuerwache der neu gegründeten Frankfurter Berufsfeuerwehr wurde 1873 im Dormitorium und im Prioratbau an der Münzgasse eingerichtet.

Bedingt durch die profane Nutzung gerieten die Klostergebäude zunehmend in immer schlechteren Zustand, vor allem gingen durch Abbruch und Neuerrichtung von Lagerstätten Teile des Kreuzgangs mit den Wandgemälden unwiderbringlich verloren. Im 20. Jahrhundert wurde das Kloster als Bühnenhaus der Städtischen Bühnen genutzt. Erst nach dem Ersten Weltkrieg setzte eine Wende zum Besseren ein. 1922 wurden die Bordellbetriebe aufgehoben. In den ehemaligen Zellen der Mönche entstand 1923 eine Wohnanlage mit Ateliers für Künstler. Hier lebten und arbeiteten u.a. der Musiker Rudolph Hindemith, die Schauspielerin Aida Stukering, der Maler Rudolph Heinisch, der Bildhauer Benno Elkan und der Kunsthistoriker Walter Karl Zülch. Die wertvollen Wandgemälde und das Refektorium wurden wiederhergestellt. 1936 wurde die Klosterkirche vorbildlich saniert. Im Sommer fanden im Kreuzgang Konzerte und Theateraufführungen statt.

Am 22. März 1944 wurden die Anlagen des Klosters durch Bombenangriffe weitgehend zerstört. 1950 erhielt die ausgebrannte Ruine der Kirche ein Notdach. Die sommerlichen Freilichtaufführungen der Städtischen Bühnen wurden mit großem Erfolg wieder aufgenommen, mussten aber Ende der 1950er Jahre wegen des zunehmenden Verkehrslärms, besonders auch durch den Flugverkehr, eingestellt werden. Der Nordtrakt des Klosters mit dem Kreuzgang wurde 1955 bis 1957 wiederhergestellt. 1959 wurde das Karmeliterkloster Sitz des Stadtarchivs (heute Institut für Stadtgeschichte). Weitere Einrichtungen und Institutionen fanden ebenfalls ihre Heimat im Karmeliterkloster: In das Gewölbe des Nordtrakts zog das Lokal „Künstlerkeller“ und das Theater „Die Schmiere“ residiert im Keller des westlichen Traktes.

Erst in den 1980er Jahren wurde die Klosterkirche in vereinfachter Form (ohne das gotische Kreuzrippengewölbe) wiederaufgebaut und ist nun Bestandteil des Archäologischen Museums. 1995 erhielt sie einen Dachreiter mit vier kleinen Glocken. Damit wurde auch das 1954 konzipierte Frankfurter Stadtgeläute vollendet.

Jerg (Jörg) Ratgeb, der Maler der Fresken im Kreuzgang und Refektorium, war um 1470/1475 in Schwäbisch Gmünd geboren. 1503 erhielt er in Stuttgart das Bürgerrecht, danach war er im Rhein-Main-Gebiet, von 1509 bis 1512 in Heilbronn, danach in Frankfurt am Main und ab 1521/22 wieder in Stuttgart tätig.

Seine Ausbildung erhielt er vermutlich zunächst in Schwäbisch Gmünd. Unbekannt ist, wo er sich auf Wanderschaft während seiner Lehre aufhielt. Man vermutet anhand bestimmter späterer Charakteristika seiner Werke, dass er sich vorwiegend in Schwaben, am Oberrhein und in Augsburg aufgehalten hat. Um 1500 wird Jerg Ratgeb dann erstmals als möglicher Geselle von Hans Holbein d. Ä. bei der Mitarbeit am Hochaltar für die Frankfurter Dominikanerkirche fassbar. Den Meisterbrief erwarb er wahrscheinlich anschließend in Schwäbisch Gmünd, da er später das Wappen der Gmünder Malerzunft als Siegel verwendete.

1503 siedelte Ratgeb nach Stuttgart über und erwarb dort das Bürgerrecht. Lange hielt er sich dort aber nicht auf, da er schon 1504/05 in Frankfurt am Main war, wo er für den Frankfurter Patrizier Claus Stalburg tätig gewesen sein und die Porträtbildnisse des Stalburg-Altars sowie die Ausmalung der Großen Stalburg am Kornmarkt geschaffen haben könnte. Zwischen 1505 und 1507 war er weiter im Rhein-Main-Gebiet tätig. Vermutlich könnte er auch den Altarauftrag für Lucia Heller für die Frankfurter Weißfrauenkirche ausgeführt haben. 1508 und 1509 wird Ratgeb wieder in Stuttgart erwähnt, bevor er 1509 mit seiner Werkstatt nach Heilbronn übersiedelte.

In Heilbronn war Ratgeb lediglich Hintersasse und konnte kein Bürgerrecht erwerben, da er seine damalige Lebensgefährtin, mit der er auch Kinder hatte, nicht aus der Leibeigenschaft Herzog Ulrichs freikaufen konnte. Diese Frau wird noch bis 1512 erwähnt und ist danach vermutlich verstorben. Verschiedene Hinweise deuten darauf hin, dass Ratgeb in Heilbronn zunächst für das dortige Karmeliterkloster tätig war. Als weiterer Heilbronner Auftraggeber kommt der Bürgermeister Conrad Erer in Betracht, dessen Schwiegersohn

Wicker Frosch († 1510) unter einem Ratgeb-Wandgemälde von 1515/16 im Frankfurter Karmeliterkreuzgang begraben ist.

1512 verließ Ratgeb Heilbronn, im selben Jahr gab er auch sein Bürgerrecht in Stuttgart auf. Er könnte unmittelbar daraufhin wieder in Frankfurt gewesen sein, wo ihm der 1512 entstandene Altar eines Meisters Jorg Maler in Rödelheim zugeschrieben wird.

Mit Sicherheit hielt sich Ratgeb wieder in Frankfurt von 1514 bis 1518 auf, mit einer Unterbrechung durch eine Reise nach Herrenberg zur Visierung von Altar und Chorgestühl für den Propst Johannes Rebmann. In Frankfurt schuf Ratgeb zu jener Zeit für das Karmeliterkloster die größte Wandmalerei nördlich der Alpen, von der allerdings heute nur noch kleine Reste erhalten sind.

Aus dem umfangreichen Bildprogramm, darunter eine Anbetung für Claus Stalburg († 1524), Gedächtnisbilder für verschiedene Frankfurter Patrizierfamilien usw., schließt man auf seine Auftraggeber aus der ersten Frankfurter Zeit. Auch der kleine Flügelaltar der Frankfurter Karmeliterkirche wird Ratgeb zugeschrieben, der 1516 gleichzeitig mit der Nordseitenausmalung des Klosters entstand. Ein großes Weltgericht an der östlichen Partie der Südwand kennzeichnete das Grab von Ratgebs Gesellen Jörg Glasser von Bamberg, der 1516 der Pest erlag. Bevor Ratgeb 1518 den Bilderzyklus des Frankfurter Karmeliterklosters vollendete, malte er noch eine Geschichte des Karmels im Sommerrefektorium.

Auf der Frankfurter Ostermesse erwarb Ratgeb 1518 die benötigten Farben für den Herrenberger Altar, der ursprünglich für die Stiftskirche von Herrenberg geschaffen war und heute in der Staatsgalerie Stuttgart zu sehen ist. Diesen Altar vollendete er in den folgenden beiden Jahren, in denen er sich in Herrenberg aufhielt. 1519 kehrte er nach Frankfurt zurück und ist 1520/21 mehrfach im Rhein-Main-Gebiet nachgewiesen. 1519/20 war er erneut im Karmeliterkloster und in der Karmeliterkirche tätig, 1521 schuf er Wandgemälde im Mainzer Dom. 1521/22 löste er dann seine Frankfurter Werkstatt mit vermutlich zehn Mitarbeitern auf und kehrte wieder nach Stuttgart zurück. Über seine Tätigkeit in Stuttgart ist wenig bekannt. Möglicherweise war er für die Karmeliter in Esslingen tätig, wo Herzogin Elisabeth einen neuen Hochaltar gestiftet hatte.

1525 verhandelte er als Mitglied des Rates von Stuttgart im Bauernkrieg mit den aufständischen Bauern und nahm an dem von den Aufständischen geforderten Kriegskontingent teil. Von den Bauern wurde er als Kriegsrat und Kanzler gewählt. Auf der Seite von Herzog Ulrich kämpfte er für die Wiedererlangung von dessen Territorium. Nach der Niederschlagung der Aufständischen floh Ratgeb, wurde jedoch denunziert und verhaftet. „Des Pauernkriegs und Herzog Ulrichs halber" wurde er des Hochverrats angeklagt und 1525 oder 1526 in Pforzheim nach furchtbarer Folter von vier Pferden auseinandergerissen.

Pausenplaner

Natürlich sollen Sie bei diesem Rundgang auch auf Ihre Kosten kommen, wenn Sie zwischendrin einmal eine Pause machen möchten. Dabei ist auch berücksichtigt, dass Sie vielleicht an einer anderen Stelle den Rundgang begonnen haben. Deshalb werden Sie für jeden Punkt, den Sie ansteuern, einige Vorschläge finden.

Altstadt – Östliche Seite vom Römerberg bis zum Literaturhaus

Beginnen wir also am Römerberg. Dort finden Sie einige Restaurants sowie das Café in der Schirn Kunsthalle. Auf dem Weg den Main entlang Richtung Alte Brücke finden Sie auf der Ecke der Straße „Am Pfarrtum" das Mainkaicafé (www.mainkaicafe.de). Dessen Öffnungszeiten sind: montags bis freitags und feiertags von 10.00–21.00 Uhr, samstags und sonntags von 09.00–21.00 Uhr. Falls Sie einen Hang zum Luxus haben, könnten Sie auch im „Seven Swans" (www.sevenswans.de) speisen. Es ist nur dienstags bis sonntags von 18.30–03.00 Uhr geöffnet, und eine Reservierung ist notwendig. Die nächste Rast bietet sich im Literaturhaus, dort ist das Restaurant „Goldmund" zu Hause (www.gold-mund.de). Die Öffnungszeiten sind Montag bis Freitag von 12.00 bis 01.00 Uhr und samstags von 18.00 bis 01.00 Uhr. Sonntag ist Ruhetag.

Obermainanlage und Friedberger Anlage

Wenn Sie nach dem Gang durch die Obermainanlage am Allerheiligentor ankommen, haben Sie die Wahl: Sie können rechts die Straße überqueren und in der Hanauer Landstraße in der Mamoona Cuisine (www.mamoona-cuisine.de) marrokanisch-libanesische Kochkunst genießen. Öffnungszeiten sind Dienstag bis Sonntag von 18.00–02.00 Uhr. Oder Sie speisen gegenüber in dem Eckhaus Friedberger Anlage im

Restaurant Shangrila (www.shangrila-restaurant.de) chinesische oder mongolische Spezialitäten. Das Shangrila hat montags bis samstags von 11.30–15.00 Uhr und von 17.30 bis 23.30 Uhr, an Sonn- und Feiertagen von 11.30–23.30 Uhr geöffnet.

Die Friedberger Anlage wird durch die Zeil in zwei Teile getrennt. Probieren Sie im Restaurant „Abessinia" (www.abessinia-restaurant.com) äthiopisch-afrikanische Küche und einen hervorragenden eritreischen Kaffee. Das Restaurant befindet sich auf der Ecke Friedberger Anlage/Pfingstweidstraße.

Eschenheimer Anlage

Bis zur nächsten Rast müssen Sie jetzt ein Stück weit laufen: Am Scheffeleck befindet sich das italienische Restaurant „Mare i Monte" (www.ristorantefrankfurt.de). Die Öffnungszeiten: Montag bis Samstag von 12.00–15.00 Uhr und von 18.00–23.00, sonntags von 12.00–23.00 Uhr, durchgehend geöffnet.

Noch etwas weiter weg finden Sie den „Circus", ein Restaurant der besonderen Art (www.circus-frankfurt.de). In der Eschenheimer Anlage müssen Sie durch die Petersstraße in die Bleichstraße nach rechts einbiegen. Der Circus befindet sich im Haus Nr. 46. Hinter einer mit Eisengittern verzierten Glastür geht es ein paar Stufen treppab. Die Öffnungszeiten sind dienstags bis freitags von 12.00–14.00 und 17.00 bis 24.00 Uhr, samstags und sonntags von 16.00 bis 24.00 Uhr. Montag ist Ruhetag.

Sollten Sie aber noch genügend Kondition zum Weitergehen haben, könnten Sie nahe des Eschenheimer Turms in Monkeys Nudelbar (Selbstbedienung, Tel. 069 95507477) mit asiatischen Nudelgerichten oder zünftig im kultigen Stehimbiss Hamburger am Turm neue Kräfte schöpfen. Eine schöne Gelegenheit, den Charme des mittelalterlichen Torturmes zu genießen, ergibt sich im Café im Eschenheimer Turm sonntags bis donnerstags von 12.00 bis 01.00 Uhr, freitags und samstags von 12.00 bis 03.00 Uhr (www.eschenheimer.de). Oder Sie machen ein paar Euros mehr locker und reservieren im Restaurant des Flemming's De Luxe (frankfurt-city@flemings-hotels.com) einen Tisch. Besondere Attraktion ist dabei auch die Fahrt im Paternoster in die oberste Etage. Bei warmem Sonnenwetter sollten Sie Ihre Pause auf der Dachterrasse genießen oder zumindest dort Ihren Aperitif einnehmen und das großartige Panorama bewundern. Alternativ könnten Sie dort auch in der Lounge im Erdgeschoss einen Snack einnehmen.

Bockenheimer Anlage und Opernplatz

Nach Ihrem Gang durch die Bockenheimer Anlage gelangen Sie an den Opernplatz. Wenn Sie zwischendrin gerne einmal eine etwas urige Kelleratmosphäre schnuppern möchten, empfehle ich vorher eine Überquerung der Hochstraße, die Sie in die Kaiserhofstraße führt. Dort befindet sich der „Apfelweinklaus", der außer dem Apfelwein auch gute Frankfurter Küche bietet (www.apfelweinklaus.de). Dazu benutzen Sie den Weg zwischen Hilton Hotel und Weiher und überqueren die Hochstraße, wenden sich dann nach rechts und kommen nach einigen Metern zur Kaiserhofstraße. Zum Restaurant geht es die Treppe hinunter. Öffnungszeiten sind Montag bis Samstag ab 17.00 Uhr. Sonn- und Feiertage sind Ruhetage.

Am Opernplatz haben Sie Gelegenheit, im Restaurant Opéra einzukehren (www.opera-restauration.de). Es ist montags bis freitags von 12.00 bis 15.00 Uhr und montags bis sonntags abends ab 18.00 Uhr geöffnet. Samstags können Sie von 11.00 bis 15.00 Uhr eine Jause genießen und sonntags von 11.00 bis 15.00 Uhr am Sonntagsbrunch teilnehmen.

Eine weitere Möglichkeit bietet nach Überquerung des Reuterwegs ein Besuch im Bistro Brot & Butter im Opern-

Turm, das an das Ladengeschäft von Manufactum angeschlossen ist. Das Bistro ist montags bis samstags von 08.00 bis 20.00 Uhr geöffnet.

Taunusanlage

Sollten Sie die Absicht haben, Frankfurt „von einer höheren Warte aus“ zu betrachten, könnten Sie durch die Junghofstraße nach rechts in die Neue Mainzer Straße einbiegen und den Maintower besuchen. Es lohnt sich aber sicher erst einmal, auf die Plattform zu fahren. Der Ausblick auf Frankfurt und sein Umland ist grandios. In den beiden Stockwerken unterhalb der Plattform residiert der Hessische Rundfunk mit Fernsehstudios, und im Stockwerk darunter befindet sich das Restaurant (www.maintower-restaurant.de). Öffnungszeiten zum Lunch: Dienstag bis Freitag 12.00 bis 15.00 Uhr (letzte Reservierung jeweils 14.30 Uhr), Öffnungszeiten zum Dinner: Dienstag bis Donnerstag 18.00 bis 24.00 Uhr, Freitag und Samstag 18.00 bis 01.00 Uhr (letzte Reservierung jeweils 21:00 Uhr). In jedem Fall sollten Sie sich einen Tisch reservieren lassen.

Am Ende der Taunusanlage stehen Sie am Taunustor und sehen zur Linken das Japan Center. Im Erdgeschoss gibt es ein japanisches Restaurant und im 25. Stockwerk befindet sich das öffentlich zugängliche Restaurant Windows 25, das allerdings als Kantine für die im Gebäude Beschäftigten dient und daher nur an Werktagen und nur tagsüber geöffnet ist.

Gallusanlage, Untermainanlage, Nizza und Untermainkai

Gegenüber im TaunusTurm befindet sich ebenfalls im Erdgeschoss Gastronomie, Einzelheiten lagen bei Bearbeitung des Buches noch nicht vor.

Auf dem Willy-Brandt-Platz besteht die Möglichkeit, im Theaterrestaurant „Fundus“ (www.huber-partyservice.de/

fundus.html) Rast zu machen. Es befindet sich im Erdgeschoss an der Ecke zur Neuen Mainzer Straße, also ganz links, wenn Sie vor dem Theaterkomplex stehen. Hier können Sie z.B. Hessische Tapas wie z.B. Hessischen Fleischkäse auf ausgehobenem Bauernbrot und Essiggemüse, Tatar vom Handkäse mit Musik, Karamellisierten Frankfurter Schweinenacken mit Apfelweinsauce, Frankfurter Grüne Sauce mit Knusperei probieren. Öffnungszeiten: Montag bis Freitag 12.00 bis 24.00 Uhr, samstags, sonn- und feiertags 16.00 bis 24.00 Uhr. Eine weitere Möglichkeit bietet sich im Restaurant Chicago Meatpackers, Untermainkai 8/Ecke Gutleutstraße (www.chicagomeatpackers.de/frankfurt/), wo Sie amerikanische Küche finden. Die Öffnungszeiten sind Montag bis Sonntag 11.30 bis Mitternacht.

Im Nizza finden Sie gleich an der Treppe das Restaurant MainNizza (www.mainnizza.de). Es ist täglich von 11.30 bis 01:00 Uhr, auch an Sonn- und Feiertagen, geöffnet. Bei schönem Wetter öffnet der Biergarten täglich ab 11.30 Uhr.

Falls Sie der Hunger erst zwischen Nizza und Eisernem Steg überfällt, haben Sie die Wahl zwischen dem Künstlerkeller (Tel. 069/292242), Seckbächer Gasse 4 (im Karmeliterkloster) oder dem Restaurant „Klosterhof" (www.klosterhof-frankfurt.de), bei dem Sie eine große Auswahl an Schnitzelvariationen finden. Öffnungszeiten: Montag bis Freitag 11:30 bis 01:00 Uhr und Samstag, Sonn- & Feiertags 17:00 bis 01:00 Uhr

Mit diesen Hinweisen sollten Sie auf jeden Fall ohne Mangelerscheinungen den Rundgang beenden können.

Quellenverzeichnis

- Archäologisches Museum Frankfurt und Institut für Stadtgeschichte Frankfurt am Main
- Bartetzko, Dieter; „Franckfurth ist ein curioser Ort". Streifzüge durch städtische Szenerien und Architekturen, Frankfurt 1991, Campus Verlag
- Diehl, Robert; „Frankfurt am Main im Spiegel alter Reisebeschreibungen", Würzburg 1939, Verlag Wolfgang Weidlich, Reprint 1984
- Elbwart, Wolfram von; „Frankfurter Brücken: Schleusen, Fähren, Tunnels und Brücken des Mains", Frankfurt, 1982, Societäts-Verlag
- Garten- und Friedhofsamt; „Die Wallanlagen in Frankfurt am Main – Entwicklung von der mittelalterlichen Stadtbefestigung zu den heutigen Wallgrünflächen", Stadt Frankfurt, Der Magistrat, 1988
- Gerteis, Walter; „Das unbekannte Frankfurt" Bd. 1 und Bd. 2, Frankfurt, 1961, Verlag Frankfurter Bücher
- Goethe, Johann Caspar, Goethe, Cornelia, Goethe, Catharina Elisabeth; „Briefe aus dem Elternhaus", Frankfurt, 1997, Insel Verlag.
- Hils, Evelyn; „Klassizistische Architektur in Frankfurt am Main, Jubiläumsausstellung zum 200. Geburtstag des Frankfurter Stadtbaumeisters Johann Friedrich Christian Hess (1785–1845), Kleine Schriften des Historischen Museums Band 25", Historisches Museum, Amt für Wissenschaft und Kunst der Stadt Frankfurt, 1985
- Hils-Brockhoff, Evelyn (Hrsg.); „Das Karmeliterkloster in Frankfurt am Main. Geschichte und Kunstdenkmäler"; Institut für Stadtgeschichte Frankfurt am Main, 1999
- Kalveram, Konstantin; „Sagenhaftes Frankfurt", Frankfurt, 2011, Henrich Editionen

- Karpf, Ernst; „Eine Stadt und ihre Einwanderer. 700 Jahre Migrationsgeschichte in Frankfurt am Main“, Frankfurt, 2013, Campus Verlag
- Lübbecke, Fried; „Das Antlitz der Stadt“, Frankfurt, 1952, Verlag Waldemar Kramer
- Maxeiner, Rudolf; „Ländliches Leben im alten Frankfurt“ Frankfurt, 1979, Verlag Waldemar Kramer
- Pehl, Hans; „Als die Frankfurter noch hinter der Mauer lebten“, Frankfurt, 1977, Verlag Josef Knecht
- Reifenberg, Benno; „Das Einzigartige von Frankfurt“, Frankfurt, 1979, Verlag Waldemar Kramer
- Schivelbusch, Wolfgang, „Eine wilhelminische Oper“, Frankfurt, 1985, Insel Verlag
- Schwarz, Ruth: „Der Eschenheimer Turm. Ein Wahrzeichen Frankfurts.“ Frankfurt am Main, 2001, Verlag Waldemar Kramer,
- Wissenbach, Björn, „Mauern zu Gärten“, Frankfurt (Main), 2010, Societäts-Verlag
- www.eisernersteg.de
- www.frankfurt.de
- www.frankfurter-fischerzunft.de/geschichte-der-zunft/
- www.kunst-im-oeffentlichen-raum-frankfurt.de
- www.rhein-main-wiki.de
- www.wikipedia.de

Bildquellen

Alle Fotos von Brigitte Holdinghausen mit folgenden Ausnahmen:

Vorwort:
- Stadtplan von 1730, Quelle: Institut für Stadtgeschichte, Frankfurt am Main
- Stadtplan von 1845, Quelle: Wikimedia Commons

Altstadt:
- Fahrtor vor 1840, Quelle: Wikimedia Commons

Alte Brücke:
- Alte Brücke Frankfurt ca. 1600 Ausschnitt Aquarell Peter Becker 1889, Quelle: Wikimedia Commons
- Brückenmühle, Quelle: Wikimedia Commons

Schöne Aussicht und Stadtbibliothek (Literaturhaus):
- Stadtbibliothek und Schöne Aussicht, Quelle: Wikimedia Commons

Friedberger Anlage
- Porträt von Carl Constanz Viktor Fellner, Quelle: Wikimedia Commons
- Ariadne auf dem Panther, Quelle: Wikimedia Commons
- von Bethmann's Museum, Quelle: UB Frankfurt am Main

Bockenheimer Anlage
- Gustave Courbet, Dame de Francfort, Quelle: Wikimedia Commons

Gallusanlage:

- Gallustor vor 1809, Quelle: Wikimedia Commons

Untermainanlage:

- Das Untermain-Thor in Frankfurt a/M., Quelle: UB Frankfurt am Main

Nizza:

- Landhaus der Familie Guaita an der Mainlust, Quelle: Wikimedia Commons
- Kay am Untermainthor 1845, Stahlstich von Jakob Fürchtegott Diehlmann, Quelle: Wikimedia Commons
- Die Schwimmschule am Unter-Main Thor in Frankfurt am Main, Quelle: UB Frankfurt am Main

Altstadt:

- Leonhardstor 1646, Quelle: Wikimedia Commons

Nachsatzkarte:

- Institut für Stadtgeschichte, Frankfurt am Main

Wir haben uns bemüht, die Inhaber der Urheber- und Nutzungsrechte für die Abbildungen zu ermitteln und deren Veröffentlichungsgenehmigung einzuholen. Falls dies in einzelnen Fällen nicht gelungen sein sollte, bitten wir die Inhaber der Rechte, sich an den Verlag zu wenden. Berechtigte Ansprüche werden selbstverständlich abgegolten.

Die Autorin

Brigitte Holdinghausen, Jahrgang 1949, ist gelernte Buchhändlerin und hat schon frühzeitig ihre Leidenschaft für ihre Heimatstadt Frankfurt entdeckt. Sowohl die Geschichte der ehemaligen Freien Reichsstadt als auch ihre Architektur und Natur gehören zu ihren Motiven, die sie als begeisterte Fotografin im Bild festhält. Der Stadtführer auf den Spuren der Frankfurter Stadtbefestigung trägt ihre Erfahrungen als versierte Gästeführerin nun erstmals konzentriert zusammen.

Geometrischer
GRUNDRISS
DER FREYEN STADT
FRANKFURT
AM MAYN
und
SACHSENHAUSEN
mit
der nahen Umgegend
ERKLAERUNGEN
Bezeichnet die 1te Begränzung der Stadt Frankfurt
in der 1ten Hälfte des 9ten Jahrhunderts
Die 2te Begränzung nach der 1ten Erweiterung
Der Flächeninhalt von Frankfurt, inclusive
des innerhalb am Glacis hin liegenden Wasser-
grabens beträgt 864¾ Morgen.
Der Flächeninhalt von Sachsenhausen, inclusive des
mit _ bezeichneten Weges, beträgt 134½ Morgen
Die Abtheilung der 14 Quartiere 12 in Frankfurt
und 2 in Sachsenhausen sind durch die Buchstaben
dieses ALPHABETS und der verschiedenen Farben
sowie jedes Haus durch seine Nummer zu erkennen
Außer diesen sind Kirchen 15, Kapellen 2, und noch
besondere, der Stadt gehörige Gebäude ohne Numm. 23
So daß die totale Summe aller Häuser ohne Remisen, Stallung, Scheuern etc beträgt 3852.
Gasthäuser Springbrunnen Pumpbrunnen
Die unterstrichenen Hausnummern bedeuten römische Zahlen
Galgen Feld
Comoedien Platz
Rossmarkt
St. Gallus Thor
Bockenheimer Thor
Chaussee nach Mayntz
Insel
Zeil